Dankeschön!

Ich bedanke mich zunächst bei allen meinen Mietinteressenten, die mich nahezu täglich schmunzeln lassen und stetig dafür sorgen, dass mein Arbeitsalltag als Immobilienmakler niemals langweilig wird.

Mit ihren komischen, teils auch skurrilen Steilvorlagen bei der Wohnungssuche konnte ich in diesem Ratgeber einige Seiten füllen …

Ich bedanke mich bei Johannes Martius, Francisco Otto und Konstantin Gassmann für den Anstoß und das Mitwirken an der Idee des Ratgebers und bei meiner Lektorin, Thirza Albert, die sämtliche Facetten dieser Idee anschließend „ausbaden" durfte. Ohne ihre tatkräftige und unermüdliche Hilfe wäre das Buch ein anderes geworden.

Ich danke auch meinen Eltern, Ursula Nitzsche-Richards und Robert Richards für ihr beständiges Feedback. Ihnen ist es anzurechnen, dass dem Leser (unter anderem) ein schlechtes Vorwort erspart blieb.

Lieben Dank auch Dir, Celine. Auf dem unerwartet schwierigen Weg zu Cover und Layout gab Deine Meinung den letztlich entscheidenden Impuls.

Für die Unterstützung auf dem Weg zum fertigen Buch bedanke ich mich außerdem bei Sandra-Shanice Evans, Maximilian Henrichs Jürgen Hetz, Hendrik Hoffmann, Christoph Immetsberger, Heiner Langbehn, Michael Meller, Amir Parandian und Tim Taxis.

Allen Lesern wünsche ich nun viel – oder zumindest ein wenig – Spaß beim Lesen und Erfolg bei der Suche nach Ihrer neuen Wohnung!

Richard Nitzsche

Haftungsausschluss:

Der Autor Richard Nitzsche stellt in „Der Mietercoach" seine auf persönlichen Erfahrungen beruhende Einschätzung des Mietwohnungsmarktes in Deutschland dar und gibt Tipps und Ratschläge, die etwa bei der Suche und Auswahl einer Mietwohnung sowie im Rahmen von Verhandlungen mit einem potentiellen Vermieter oder Makler von Nutzen sein können. Der Autor und der Verlag übernehmen keine Gewähr dafür, dass es - selbst bei Beachtung aller im „Der Mietercoach" beschriebenen Tipps, Ratschläge und Verhaltensweisen - zum Abschluss eines Mietvertrages oder zu einem sonstigen Verhandlungserfolg kommen wird. Die Darstellung erhebt insoweit keinen Anspruch auf Richtigkeit oder Vollständigkeit. Soweit in diesem Buch Inhalte oder Informationen dargestellt werden, die nicht die persönliche Meinung oder Einschätzung des Autors betreffen, wurden diese von dem Autor sorgsam recherchiert. Die Darstellung rechtlicher Aspekte beruht auf einer persönlichen Auswahl des Autors. Sie dient lediglich der Information des Lesers und kann allenfalls ein Problembewusstsein schaffen, aber insbesondere eine individuelle rechtliche Beratung durch einen fachkundigen Rechtsanwalt nicht ersetzen. Der Autor und der Verlag übernehmen für die Richtigkeit und die Vollständigkeit der Darstellung der mietrechtlichen Aspekte in diesem Buch keine Gewähr.

RICHARD NITZSCHE

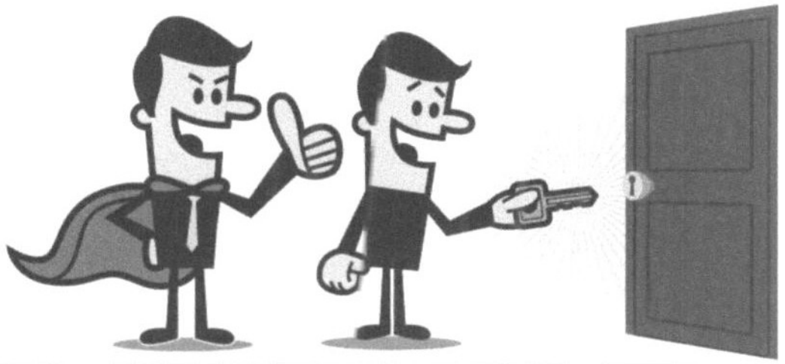

DER MIETER COACH

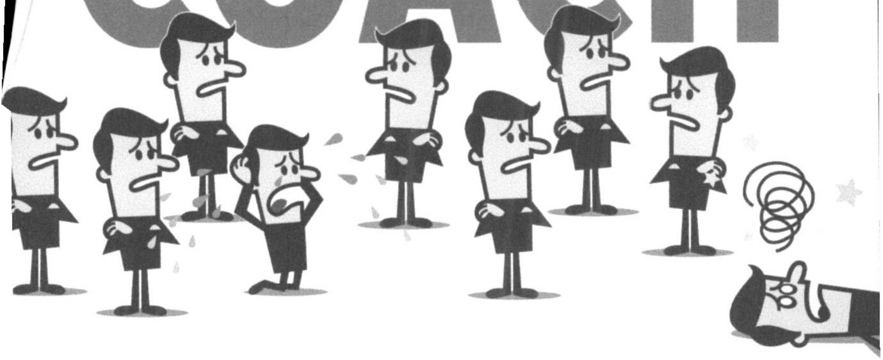

IHRE NEUE WOHNUNG
SUCHEN–FINDEN–BEKOMMEN

Gestaltung und Satz: Jürgen Hetz, Denksportler Grafikmanufaktur
Lektorat: Thirza Albert
Druck: Books on Demand, In de Tarpen, 22848 Norderstedt
Autor: Richard Nitzsche

ISBN 978-3-9817427-0-1

www.immobilienbuch-verlag.de

Bibliografische Information der Deutschen Nationalbibliothek:
Die Deutsche Nationalbibliothek verzeichnet diese Publikation in der Deutschen Nationalbibliografie; detaillierte bibliografische Daten sind im Internet über <http://dnb.d-nb.de> abrufbar.

Immobilienbuch Verlag • Richard Nitzsche
Im Birkengrund 5 • 61352 Bad Homburg
Tel: 06172 981 522 71 • Fax: 06172 981 522 79
Email: info@immobilienbuch-verlag.de
www.immobilienbuch-verlag.de

INHALT

KAPITEL 1

Vor der Wohnungssuche **9**

Wohnungssuche – Sie stehen vor einer großen Aufgabe! 10

Wohnungen gibt's nicht umsonst! 16

Bedarfsermittlung – Welche Wohnung passt zu Ihnen? 20

Wie schnell benötigen Sie Ihre neue Wohnung? 23

KAPITEL 2

Wohnungssuche - So geht's richtig **29**

Suchinstrumente im Überblick 30

Der „Mietermarktwert" - So attraktiv sind Sie für den Vermieter 34

Die Selbstanalyse 37

Idealtypische Mieterkategorien 39

Wohnungssuche advanced - Initiativsuche für Härtefälle 42

Die Angebote einordnen 46

KAPITEL 3

Der erste Kontakt mit dem Anbieter **57**

Wie tickt ein Anbieter? 58

Kontaktaufnahme übers Internet 65

Richtig telefonieren 73

KAPITEL 4

Der Besichtigungstermin **89**

Die „Traumwohnung" erkennen 91

Den Vermieter einschätzen lernen 93

Die Poleposition auf der Interessentenliste einnehmen 96

Richtiges Auftreten in der Besichtigung 100

Besichtigungsarten: Tücken und Chancen 106

Massenbesichtigung und Sammelbesichtigung 106
Open-House-Besichtigung 108
Einzelbesichtigung 108

So bitte nicht 109

KAPITEL 5

Der Mietvertrag rückt in greifbare Nähe **113**

Vertragsanbahnung 114

Vertragsverhandlungen 116

Der Mietvertrag 117

KAPITEL 6

Im Mietverhältnis **119**

KAPITEL 7

Der Mietmarkt im Wandel **123**
Das war´s 140

ANHANG 141

KAPITEL EINS

VOR DER WOHNUNGSSUCHE

WOHNUNGSSUCHE – SIE STEHEN VOR EINER GROSSEN AUFGABE!

Für einen Umzug kann es viele Gründe geben. Vielleicht haben Sie ein Jobangebot in einer neuen Stadt bekommen oder Sie beginnen eine Ausbildung oder ein Studium. Vielleicht verschlägt Sie die Liebe in eine andere Region? Oder sind Sie auf der Flucht vor Ihrem Ex? Vielleicht möchten Sie aber auch eine zurückliegende Lebensphase bewusst beenden und suchen schlicht und einfach die Veränderung.

Sicher ist: Die Immobilie, die Sie aktuell bewohnen, passt nicht mehr zu Ihrer Lebenssituation. Also gehen Sie auf Wohnungssuche und diese Tatsache hat es Ihnen beschert, dass Sie nun meinen Ratgeber in Händen halten.

Bevor wir einsteigen, möchte ich allerdings ein ernstes Wort mit Ihnen reden: ***Haben Sie sich das gut überlegt? Müssen Sie wirklich und zwingend eine neue Wohnung finden?***

Gibt es denn gar keinen anderen Weg?

Vielleicht kommen Sie ja um die Wohnungssuche herum. Sie könnten zum Beispiel die Beförderung ablehnen, dann blieben Sie von dem aufwendigen Prozedere und vor einer Menge Stress im Job verschont. Oder Sie erklären Ihrem Ex-Chef bei einem Glas 100-Parker-Punkte-Wein, warum Sie ihn ein „Rindvieh" genannt haben und entschuldigen sich, sodass er nicht umhin kann, Ihnen Ihren alten Job wiederzugeben? Oder Sie nehmen das Geschirrtuch in die Hand und zeigen Einsatzbereitschaft, während Sie Ihrer gehörnten Ehefrau erklären, dass Sie sie künftig auf Händen tragen werden – sodass sie Ihnen zumindest das Gästezimmer vorerst überlässt?

Mein Name ist Richard Nitzsche und ich bin Immobilienmakler in Frankfurt und München. Ich vermittle Wohnungen in zwei der am stärksten frequentierten Immobilienmärkte Deutschlands.

Jede Woche begegnen mir dutzende Interessenten, die meine Angebote besichtigen oder auf ausgeschriebene Immobilien hin bei mir anfragen. Die wenigsten wissen, worauf sie sich einlassen, viele handeln vorschnell und ohne gründlich nachzudenken.

Die Frage ist, warum? Die Antwort: Der Deutsche zieht einfach gerne, oft und tendenziell hastig um. Davon profitieren wir Makler. Ich habe zahlreiche sinnlose und übereilte Vermietungen an beratungsresistente Interessenten begleitet. Schon nach kurzer Zeit zogen die meisten wieder aus und ich durfte mich um die Wiedervermietung der Immobilie kümmern.

In der Hitliste der meist genannten Umzugsgründe rangiert „Probleme mit dem aktuellen Vermieter" oder „Probleme mit der derzeitigen Immobilie" an oberster Stelle. Manchmal argumentiert der Interessent, er wolle sich vergrößern oder verkleinern. Weil ich gern stichele, frage ich immer nach, warum das so ist. Meist bekomme ich darauf keine Antwort. Paare in den Zwanzigern zieht es mit erschlagender Wahrscheinlichkeit von 2-Zimmer-Wohnungen in 3-Zimmer-Wohnungen unter der Begründung, sie dächten über eine Familienplanung nach. Braucht man zum Denken wirklich ein eigenes Zimmer? Für viele reicht der Plan, zu planen als Umzugsgrund aus. Nach der Planung folgt die „Durchführung" und dann hat das Paar immer noch biologische neun Monate Zeit – mindestens. Außerdem benötigt ein Kind gar nicht sofort ein eigenes Zimmer. Wieso wollen Sie unbedingt schon jetzt mehr Geld für noch mehr Quadratmeter bezahlen? Fahren Sie lieber nett in den Urlaub!

Wir wissen nie, was die Zukunft bringt. Pläne ändern sich, Beziehungen scheitern, aus dem Wunschkind werden Drillinge und in den durchwachten Babynächten wird der lang verdrängte Wunsch nach einer Harley – in eigener Garage, versteht sich – schließlich übermächtig. Pech für den, der nun in einer Dreizimmerwohnung sitzt. Legen Sie sich nicht zu früh fest!

Sie hatten Streit mit Ihrem letzten Vermieter und wollen nur noch weg? Woher wissen Sie, dass das nächste Mietverhältnis nicht noch angespannter wird? Wenn Sie nun innerlich protestieren und denken „Das kann gar nicht mehr schlimmer werden!", dann lassen Sie sich von mir gesagt sein:

Doch, das kann!

(Natürlich arbeite ich ausschließlich für nette Vermieter!)

Bevor wir uns also im Detail mit der Wohnungssuche befassen, sollten wir klären, ob Sie tatsächlich eine neue Wohnung benötigen: Machen Sie sich den Grund Ihres Umzuges bewusst! Formulieren Sie diesen in ein bis zwei Sätzen. Gelingt Ihnen das nicht, können Sie dieses Buch zuklappen, den Fernseher anschalten und den Ratgeber an eine Person weitergeben, deren Umzug an einen weit entfernten Ort Sie schon lange herbeisehnen. Oder Sie stellen das Buch für spätere Anläufe ins Regal. Sie müssen nicht umziehen.

Das ist ein Motivationssatz, der ein geradezu perfektes Umzugsanliegen demonstriert:

„Ich beginne eine Arbeit in München und wohne derzeit in Hamburg. Hamburg ist von München über 700 Kilometer entfernt; diese Strecke täglich zu fahren oder zu fliegen ist wirtschaftlich unrentabel."

Gegen dieses klar formulierte Anliegen habe ich als Makler absolut nichts einzuwenden. Ich würde diesem Kunden zum Umzug raten und ihm helfen, eine Wohnung in München zu finden.

Anders gestaltet sich der Sachverhalt bei folgendem Motiv:

„Seit die Familie in die Wohnung über mir eingezogen ist, fühle ich mich unwohl. Jede dritte Nacht werde ich wach, weil das Baby schreit, außerdem sind mir die Leute unsympathisch. Ich glaube, es gibt auch eine Wasserader im Haus. Ich spüre so was."

Gehen wir ins Detail und analysieren Kosten und Nutzen eines Umzugs dieser Kundin (die im Übrigen keine fiktive, sondern eine reale Kundin war … Ich erinnere mich gut an die ältere, finster dreinblickende Dame mit den wirren Haaren und dem Posten im Rechnungswesen, die mutmaßlich kurz vor der Frührente stand … Ich glaube, sie flog morgens mit einem Besen zur Arbeit!).

Die meisten Mieter suchen in unregelmäßigen Abständen nach einer Wohnung. Dies bedeutet, sie sind auf dem Immobilienmarkt nicht professionell unterwegs. Insofern ist die Arbeits-, Zeit- und Nervenbelastung einer

Wohnungssuche deutlich höher als bei einem Profi, der Routine hat. Hinzu kommen einige Kosten: Neben dem eigentlichen Umzug muss der Interessent oft zusätzliches Geld für eine Mietkaution aufbringen und bis Juni 2015 wurden zum Teil Maklerkosten fällig. Schnell kommt hier ein stattliches Sümmchen zusammen.

In unserem Beispiel wollen wir es nicht zu kompliziert machen und unterstellen pauschal Umzugskosten von 5.000 EUR plus der eigenen Arbeitsleistung, also Wohnungssuche, Wohnungsbewerbung, Einpacken, Auspacken, Ausmisten, Renovieren. Das bedeutet also: Für die Dame, die den Kinderlärm nicht ausstehen kann, lohnt sich ein Umzug genau dann, wenn ihre Aversion gegen die freundliche Familie mit dem Kleinkind größer ist als der Gegenwert von 5000 EUR + Eigenleistung. Ab diesem Moment würde ich ihr als Immobilienmakler zum Umzug raten. (Die Dame mietete übrigens eine herrschaftliche Altbauwohnung aus meinem Bestand. Ich wurde zügig bezahlt, aber sandte ihr keine Weihnachtskarte.)

Mit einem Umzug sind hohe Kosten verbunden. Versuchen Sie deshalb, die Wohnungssuche zunächst zu vermeiden.

Klären Sie erst einmal Ihr persönliches Kosten-/Nutzen-Profil. Wenn Sie diesen Ratgeber gelesen haben, können Sie den Aufwand einer Wohnungssuche ungefähr einschätzen und sind in der Lage, eine angemessene Entscheidung zu treffen.

In unserem Beispiel hätte die Dame die Familie auch zum Kaffee einladen und man hätte gemeinsam nach Lösungen suchen können. Für manche klingt es vielleicht absurd, aber wenn man Menschen mit Respekt behandelt (sei es den Vermieter, andere Mieter oder auch seinen Finanzbeamten), sind sie durchaus gewillt zu helfen, selbst wenn dies für sie mit Aufwand verbunden ist. Eine Möglichkeit wäre gewesen, das Kinderschlafzimmer in eine andere Ecke der Wohnung zu verlegen, von der aus weniger Geräusche zu hören sind. Oder umgekehrt: Die Dame hätte ihr eigenes Schlafzimmer in einen anderen Raum verlegen können. Das hätte zwar Aufwand für sie bedeutet, aber gemessen an einem ganzen Umzug wäre er doch wesentlich geringer gewesen. Übrigens: Wenn man mit der anderen Partei gesprochen und sich gegenseitig bekundet hat, gut miteinander auskommen zu wollen, dann ist es auch leichter, den Lärm des Nachbarn einmal wohlwollend zu überhören.

Definieren Sie vor Beginn der Wohnungssuche den genauen Grund Ihres Umzugs. Suchen Sie nach Alternativen. Überlegen Sie, wie viel Geld und Arbeit Ihnen dieser Umzug wert ist. Vergleichen Sie diesen Wert dann mit Ihren Alternativen.

Berücksichtigen Sie bei Ihren Überlegungen auch, dass Sie das Ergebnis der alternativen Lösung kalkulieren können. Der Umzug bringt hingegen ein gewisses Risiko mit sich. Während Sie Ihr altes Heim hervorragend kennen, ist Ihnen die neue Immobilie fremd. Eventuell gestaltet sich Ihre Situation nach dem Umzug schlechter als vorher.

(Stellen Sie sich vor, die wenig flexible Dame hätte in ihrer neuen Wohnung plötzlich zwei Großfamilien in den Nachbarwohnungen vorgefunden!)

WOHNUNGEN GIBT'S NICHT UMSONST!

Sie haben sich nun Zeit genommen und ausführlich Gedanken gemacht. Nach Berücksichtigung des Für und Wider haben Sie sich zum Umzug entschlossen. Es wird Zeit, einmal in die Zukunft zu schauen: Schließen Sie die Augen und stellen Sie sich Ihre Traumwohnung vor. Wie müsste sie aussehen? Gehen Sie im Geiste den Eingangsbereich, jedes Zimmer und schließlich das Außengelände Schritt für Schritt ab. Sicher haben Sie jetzt ein großartiges Bild vor Ihrem inneren Auge. Erfreuen Sie sich einige Minuten an der absolut perfekten Wohnung.

Nun hole ich Sie auf den Boden der Tatsachen zurück: Diese Wohnung gibt es nicht. Die meisten Interessenten finden ihre „Traumwohnung" niemals. Mieten ist ein Kompromiss. Ein Mieter wird fast nie eine Wohnung finden, die perfekt zu dem passt, was ihm seine Wunschvorstellung vorgibt. Wer kauft und baut, kann natürlich seinen Vorstellungen in stärkerem Maße folgen, dafür handeln Sie sich dann andere Problem ein … Der Optimist jubiliert, die Suche nach einer Mietwohnung sei die Wahl der besten aller möglichen Lösungen, während der Pessimist sich etwas vom „kleinstmöglichen Übel" in den Bart nuschelt.

Dennoch wird Sie die kleine Traumreise am Anfang des Kapitels ein Stück weiterbringen. Woher kommt es, dass Sie sich Ihre Wunschwohnung genau so vorstellen und nicht anders? Suchen Sie vielleicht eine Immobilie, die einer Wohnung ähnlich ist, in der Freunde von Ihnen wohnen? Haben Sie Ihre Traumwohnung vielleicht in einer Filmkulisse entdeckt? Oder hat Sie die Vox-Sendung *mieten, kaufen, wohnen* inspiriert?

Prüfen Sie, wie realistisch die Quelle Ihrer Vorstellung ist. Immer wieder beginnen Mieter ihre Suche mit Erwartungen, die nicht zu dem passen, was der Markt zu bieten hat. Die Enttäuschung ist hier vorprogrammiert. Und immer wieder erlebe ich es, dass der „deutsche Mieter" am liebsten das Luxusprogramm bekommen möchte, während er nur das Sparprogramm bezahlt. Natürlich kann man in Ihrem Suchgebiet traumhafte Immobilien mieten, allerdings muss man für solche Objekte auch eine exorbitante Kaltmiete bezahlen. Dies liegt schlicht und ergreifend daran, dass wir uns auf einem Markt befinden, dem Mietmarkt. Und hier regeln sich Angebot und die Nachfrage über den Preis.

Wenn ich Parties in Frankfurt oder München besuche und mich mit den Menschen dort unterhalte, kommt hin und wieder die Rede auf meinen Beruf. Die Reaktionen meiner mietenden Gesprächspartner sind immer gleich. „Es ist so schwierig, eine gute Wohnung zu einem fairen Preis zu finden. Das kann doch nicht normal sein", empören sie sich.

Falsch.

Der faire Preis für eine gute Wohnung liegt nur derzeit höher als das, was sich die meisten Menschen leisten können oder möchten. Die zweite Aussage, die mir immer wieder begegnet, ist: „Günstige Wohnungen gibt es nicht." Wieder falsch.

Niemand zwingt Sie, in den zentralen Lagen München/Schwabing oder Frankfurt/Bornheim zu wohnen. Im Hintertaunus oder in der Region Landsberg am Lech sind die

Mieten günstig! Wer mitten im Zentrum wohnen, aber nur die Miete einer ländlichen Gegend zahlen möchte, wird kein Glück bei der Wohnungssuche haben. Früher habe ich auf den Parties dann noch versucht, das alles klarzustellen und der sich einschleichenden kollektiven Trübsinnigkeit somit Einhalt zu gebieten. Aber meine redlichen Erklärungsversuche wurden daraufhin mit dem unweigerlichen dritten Satz quittiert: „Und an allem sind die Makler schuld!"

Konnte ich mich dann nicht bald in ein Gespräch mit einem potenziellen Verkäufer retten – denn die sind von den aktuell hohen Immobilienpreisen ganz angetan – beschloss ich kurzerhand, für die Dauer des Abends den Beruf zu wechseln. Ich war dann Journalist in Krisengebieten oder Textilgroßhändler …

Zurück zur Wahrheit – Angebot und Nachfrage regeln den Marktpreis. Und das bedeutet bei der Wohnungssuche: Objekte, die wenige Mietinteressenten ansprechen, werden tendenziell günstigere Kaltmieten aufweisen als Objekte, die eine Vielzahl von Interessenten auf den Plan rufen. Je besser die Wohnung, umso höher die Kaltmiete. Der Gesetzgeber hat die Höhe der Mietpreise zwar begrenzt. Dennoch bleibt das Prinzip bestehen.

In Abbildung 1 ist das oben erklärte Marktprinzip noch einmal veranschaulicht: Mit steigendem Preis sinkt die Nachfrage. Für günstigen Wohnraum finden sich viele Interessenten, während den teuren Wohnraum weniger Menschen zu zahlen bereit sind. Dafür bieten mehr Vermieter ihr Objekt zu einem hohen Preis an als zu einem günstigen – das Angebot steigt.

Wenn Sie also ein besonders günstiges Angebot entdecken, zum Beispiel im Internet, dann ist dies nach den

ABB. 1: ANGEBOT & NACHFRAGE

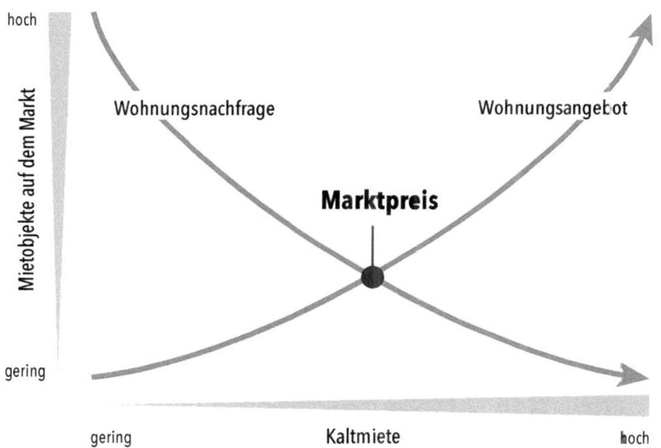

Regeln des Marktes a) nicht ohne Grund günstig oder b) kein echtes Angebot. Glück haben Sie bei der dritten Möglichkeit: Es könnte auch tatsächlich ein Schnäppchen sein, weil der Mietmarkt stark segmentiert und damit nicht perfekt ist.

SCHNÄPPCHENCHANCE

Eventuell haben Sie als Mietinteressent gerade jetzt (in den Jahren 2016/17/18) die Chance, einige echte Schnäppchen zu ergattern. Mit der Einführung des Bestellerprinzips werden viele Vermieter ihre Mietwohnungen privat anbieten, während sie früher einen Wohnungsvermittler engagiert hatten. Gerade wenn der Vormieter dort über einen langen Zeitraum gewohnt hat, hat der Vermieter den Mietpreis eventuell lange nicht angehoben. Nun spart der geizige Vermieter am Makler. Dieser aber hätte den fairen Preis für die Immobilie aufgrund seiner Marktkenntnis präziser einschätzen können.

Das Resultat könnte ein Wohnungsinserat sein, dessen Kaltmiete unter dem fairen bzw. üblichen Preis liegt.
Der Vermieter verschätzt sich in diesem Fall zu seinen Ungunsten im Preis.
Entdecken Sie ein solches Angebot, sollten Sie schnell sein und genau wissen, wie Sie einen solchen Privatvermieter angehen müssen. Ich garantiere Ihnen, dass Sie nicht die oder der Einzige sein werden, der sich für das Angebot interessiert. Lesen Sie deshalb weiter, insbesondere die Kapitel zur Wohnungsbewerbung und zur Kommunikation mit dem Vermieter dürften Sie jetzt interessieren.

BEDARFSERMITTLUNG – WELCHE WOHNUNG PASST ZU IHNEN?

Ich habe schon häufig mit Mietinteressenten gesprochen, die mir begeistert von ihrer Traumwohnung vorschwärmten und eben diese zu finden versuchten. Dabei waren sie auf diese Vorstellung so fokussiert, dass auch kleinere Abweichungen sofort zum Ablehnen der Wohnung führten. Ich nenne sie gern die „Besichtigungstouristen“, denn sie schauen sich im Laufe der Suche x Wohnung an – und dabei ist x manchmal größer als 100! Es ist der klassische Kunde, der nicht loslassen kann. Nun bin ich kein Psychologe, aber mir scheint, dass viele dieser zumeist recht interessanten Charaktere noch sehr viel dringendere Anliegen haben, als eine neue Wohnung zu finden.

Meiden Sie diese gefährliche Falle. Je mehr Objekte man sich anschaut, desto größer ist die Gefahr, hineinzutappen. Sie wollen doch nicht wahnsinnig werden? Gehen Sie deshalb unbefangen in die Besichtigung. Auch wenn in Ihrer Vorstellung die Küche vielleicht nicht offen war und es statt eines Südbalkons nur einen Westbalkon gibt – wenn Sie sich prinzipiell in der Wohnung wohlfühlen, kann sie trotzdem für Sie funktionieren.

Um unvoreingenommen nach einer Wohnung zu suchen, sollten Sie sich im Vorfeld über Ihren tatsächlichen Bedarf klar werden. Im letzten Abschnitt hatten Sie bereits ein klares Bild von Ihrer Traumwohnung vor Augen. Nun werden wir dieses Bild gemeinsam in eine realistische Vorstellung von einem neuen Zuhause umwandeln. Mieten und Wohnen sind beides Themen, in denen individuelle Bedürfnisse und Wünsche eine maßgebliche Rolle spielen – das heißt, was dem einen gefällt, ist dem nächsten ein Gräuel und umgekehrt.

Einem Bekannten von mir gehört eine Flugschule. Vor einiger Zeit erzählte er mir stolz, dass er eine Penthouse-Wohnung in einem Hochhaus bezogen hat. Vor seinen Fenstern liegen der Endanflug und das Rollfeld des Flugplatzes. Täglich fliegen dutzende Kleinflugzeuge und einige Privatjets praktisch direkt an seinen Panoramafenstern vorbei. Und er liebt den Sound der Motoren.

Sein (Wohn-)Traum würde die eingangs erwähnte Dame vermutlich in den Selbstmord treiben.

Weil Wohnen so individuell ist, kann ich Ihnen keine auf alles passende Blaupause liefern, um Ihren Bedarf zu ermitteln. Ein guter Makler führt die Bedarfsanalyse ohnehin im persönlichen Gespräch durch. Ich kann Ihnen aber einige Leitlinien an die Hand geben. Diese modifizieren Sie nach eigenem Ermessen. So bekommen Sie ein Gefühl für die Suchkriterien, die Ihnen persönlich wichtig sind.

Auch sollten Sie Ihre „Engpässe" definieren: Machen Sie sich die Punkte klar, an die Ihre Suche zwingend geknüpft ist. Dies sind Kriterien, die entweder unbedingt erfüllt sein müssen oder auch keinesfalls auftreten dürfen. An den Engpässen orientieren sich alle nachfolgenden Kriterien, deshalb lohnt es sich, hier gut zu überlegen. Bei den meisten Interessenten stellt das Budget einen dieser Engpässe dar. Ist das bei Ihnen auch der Fall, so fragen Sie sich zunächst: „Wie hoch ist das Maximum, das ich pro Monat für die Miete ausgeben kann?" In dieser Überlegung ist die Warmmiete maßgeblich, also Kaltmiete plus Nebenkosten (Wasser, meistens Heizung), ohne Strom und Kabelanschluss.

Zum Vergleich: Die flüchtende Dame konnte sich eine sehr hohe Miete leisten. Ihr Engpass war also nicht das Budget, sondern vielmehr die „Ruhe". Wenn Sie einen Hund haben und ihn lieben, wie es sich für einen anständigen Hundebesitzer gehört, dann ist Ihr Engpasskriterium, dass in der neuen Wohnung Hunde erlaubt sein müssen. Gehen Sie leidenschaftlich gern joggen, könnte ein Engpasskriterium die Nähe der Wohnung zu einem

Naherholungsgebiet sein. Ich könnte diese Aufzählung ewig fortsetzen, aber jetzt sind Sie am Zug:

Erstellen Sie eine Liste und priorisieren Sie Ihre Suchkriterien mit Zahlenwerten. Vergeben Sie die Werte 1 bis 3 oder 1 bis 5, wenn Sie sehr genau sind. Engpässe bekommen die Zahl 1. Eher unwichtige Kriterien würden Sie mit der Zahl 3 bzw. 5 gewichten. Unter dem Strich erhalten Sie somit ein Raster, nach dem Sie Ihre Wohnungssuche strukturiert aufbauen können.

Auf Seite 24 zeige ich Ihnen ein von mir erstelltes Beispiel mit den gängigsten Suchkriterien meiner Mietinteressenten. Meine Tabelle erhebt keinen Anspruch auf Vollständigkeit. Ich kann ja nicht wissen, ob Sie vielleicht die Passion haben, Sonntagmorgens Schlagzeug zu spielen oder ob Sie wegen der ausgeprägten pyrotechnischen Neigung Ihrer Kinder eher nicht nach einem Holzhaus Ausschau halten möchten. Vielleicht finden Sie auch eine Darstellungsform, die für Sie persönlich besser funktioniert als mein Beispiel. Wichtig ist, dass Sie sich vor der Suche eingehend mit Ihren Wünschen bzw. (Wohn-)Bedürfnissen beschäftigt und diese in Ihrem Kopf in eine strukturierte Form gebracht haben.

WIE SCHNELL BENÖTIGEN SIE IHRE NEUE WOHNUNG?

Die Klärung der Dringlichkeit Ihrer Suche ist so elementar, dass ich dieser Frage einen eigenen Abschnitt widmen

# Meine Suchkriterien		Enpass	Nice to have
Preis:	max. 900 € / warm	[X] [ ]	[ ] [ ] [ ]
Tiere:	der Mops muss mit!	[X] [ ]	[ ] [ ] [ ]
Zimmer:	2 Zimmer+ >55 qm	[X] [ ]	[ ] [ ] [ ]
Lage:	Norden/Osten	[ ] [ ]	[X] [ ] [ ]
Mikrolage:	U-Bahn < 3 Min	[ ] [X]	[ ] [ ] [ ]
	Einkaufen < 5 Min	[ ] [ ]	[X] [ ] [ ]
	Gym < 10 Min	[ ] [ ]	[ ] [X] [ ]
	Lärm gering	[X] [ ]	[ ] [ ] [ ]
	"schöne" Umgebung	[ ] [X]	[ ] [ ] [ ]
Ausstattung:	Balkon	[X] [ ]	[ ] [ ] [ ]
	WM-Anschluss in der Whg.	[ ] [X]	[ ] [ ] [ ]
Ausstattung:	kein Teppichboden	[X] [ ]	[ ] [ ] [ ]
	hell	[ ] [X]	[ ] [ ] [ ]
	TGL-Bad	[ ] [X]	[ ] [ ] [ ]
	Wanne	[ ] [ ]	[X] [ ] [ ]
Qualität:	gepflegt	[X] [ ]	[ ] [ ] [ ]
	modernisiert	[ ] [ ]	[X] [ ] [ ]

wichtig — weniger wichtig

möchte. Ihr Umzug hat einen bestimmten Grund. Diesen haben Sie im ersten Teil bereits in einem kompakten Statement herausgearbeitet oder ihn zumindest für sich selbst geklärt. Dieser Grund wird wahrscheinlich an eine bestimmte Frist geknüpft sein.

Beispiel:** **Der neue Job in München beginnt am 1. August 2015. Um einen entspannten Einstieg zu haben, möchten Sie am 15. Juli umgezogen sein, spätestens jedoch bis zum 25. Juli.

Wie weit diese Bedingung in der Zukunft liegt, legt die Dringlichkeit Ihrer Suche fest. Ich bekomme Anrufe von Interessenten, die innerhalb einer Woche in die neue Wohnung eingezogen sein müssen. Ich werde mitunter sogar von Interessenten angefragt, die schon seit Monaten in einer neuen Wohnung leben sollten.

Bevor Sie bei einem knappen Zeitplan in Panik geraten, möchte ich Sie darauf hinweisen, dass in jeder Stadt recht gute und auch günstige Pensionen oder möblierte Apartments existieren. Können Sie Ihre Deadline nicht einhalten, kostet Sie dies höchstens die Miete der Zwischenlösung abzüglich der Kaltmiete, die Sie investieren wollten, MEHR. Ist das Einsparen von 100 bis 200 Euro pro Monat den Stress und die schlaflosen Nächte vor dem Internetportal wirklich wert?

Auch wenn der Termin für den Auszug aus Ihrer Wohnung heranrückt, weil der Eigentümer Eigenbedarf angemeldet hat, gibt es Wege, um diese Frist zu verlängern, wenn Sie in der gegebenen Zeit keine neue Bleibe finden können. Sprechen Sie zuerst mit Ihrem Vermieter. Zeigt dieser sich unnachgiebig, konsultieren Sie einen Mietrechtler.

Die Zeitspanne, die man für die Wohnungssuche kalkulieren muss, hängt vom jeweiligen Mietinteressenten ab und variiert mitunter sehr stark. Manche Mieter haben nach ein bis drei Suchtagen die neue Wohnung gefunden, einige suchen Monate. Als Faustregel gilt: Je differenzierter Ihr Suchmuster, umso schwieriger wird es, ein passendes Objekt zu finden. Daraus folgt logischerweise:

Stellen Sie geringere Ansprüche, wenn die Zeit drängt.

Ein Vorteil der Mietwohnung ist ja gerade die Flexibilität. Mieten ist keine Lösung, die Sie für immer bindet. Wenn Sie im Laufe der Jahre merken, dass Sie Ihre Ansprüche zu weit heruntergeschraubt haben und Ihre Lebensqualität eingeschränkt ist, können Sie erneut umziehen. Nur müssen Sie dann natürlich auch wieder Geld aufbringen.

Bei der Frage, wie lange es dauert, bis man eine Wohnung gefunden hat, spielt ein weiteres Kriterium eine Rolle: Die Frage, wie attraktiv Sie als Mieter für den Vermieter sind. Der Vermieter muss Sie ja als Mieter akzeptieren, bevor Sie einziehen können. Schaffen Sie es, zu den Interessenten zu gehören, die ein Vermieter unbedingt als Mieter gewinnen möchte, so haben Sie es natürlich leichter als jemand, der den Vermieter erst noch von seiner Tauglichkeit als Mieter überzeugen muss. Führen Sie aus diesem Grund die Selbstanalyse (Abschnitt Selbstanalyse & Mietermarktwert) sorgfältig durch und seien Sie dabei ehrlich zu sich - nur so können Sie Ihre Suchperiode realistisch festlegen. Als Typ-A-Mietinteressent (hohe Attraktivität für den Vermieter) können Sie davon ausgehen, zügig eine Wohnung zu bekommen, sobald Sie sich auf Objekte bewerben.

Typ-A-Mietinteressenten rate ich tendenziell zur Kündigung Ihres aktuellen Mietverhältnisses, bevor Sie eine neue Wohnung gefunden haben. Während der dreimonatigen Kündigungsfrist haben Sie ausreichend Gelegenheit zur Suche. Mehr als die Hälfte aller Wohnungen stehen bereits leer, wenn Sie diese besichtigen. Der Vermieter möchte sie also sofort vermieten. Falls Sie in Konkurrenz zu anderen, gleichwertigen Mietinteressenten stehen und die Wohnung bekommen möchten, müssen Sie damit rechnen, dass man Sie auffordert, die Immobilie sofort zu übernehmen. Wenn Sie noch nicht gekündigt haben, müssen Sie also bis zu zwei Kaltmieten doppelt bezahlen. Läuft Ihr derzeitiges Mietverhältnis früher aus, wird diese finanzielle Mehrbelastung geringer.

Gehören Sie zu den Interessenten, die weniger leicht eine Wohnung bekommen? Dann sollten Sie eventuell erst kündigen, wenn Sie den neuen Mietvertrag schon unterschrieben haben. Stellen Sie einen Finanzierungsplan auf, mit dem Sie schlimmstenfalls drei zusätzliche Monatsmieten gegenfinanzieren können. Ist dies nicht möglich, überlegen Sie, ob Sie den Umzug noch einmal verschieben können, bis diese Finanzierung geklärt ist.

Haben Sie eine neue Wohnung gefunden, sind aber aus dem alten Mietverhältnis noch nicht entlassen, so gibt es auch hier Möglichkeiten, die finanzielle Doppelbelastung abzumildern. Einzugstermine und Auszugstermine sind verhandelbar. Der Einzugstermin in der neuen Wohnung ist oft an die Schlüsselübergabe und das „Erhalten der Wohnung" geknüpft, wodurch hier meist weniger

Spielraum besteht. Die Verhandlung des Auszugstermins jedoch ist für den Mietinteressenten leichter. Eventuell möchte der Vermieter ebenfalls, dass Sie die Wohnung frühzeitig verlassen – z. B. weil ein Bekannter von ihm in die Wohnung einziehen will, oder weil er Sie einfach nicht mag. Sprechen Sie aus diesem Grund also zunächst mit ihm.

Eine weitere Möglichkeit ist, mit dem Vermieter einen Deal zu vereinbaren, dass dieser Sie aus dem Mietverhältnis entlässt, wenn Sie ihm selbstständig einen adäquaten Nachmieter vorschlagen.

KAPITEL ZWEI

WOHNUNGSSUCHE – SO GEHT'S RICHTIG

Jetzt wird's ernst. Sie haben einen handfesten Grund, um die Wohnung zu wechseln. Niemand konnte Sie von Ihrem Vorhaben abbringen, noch nicht einmal ich! Sie haben eine ungefähre Vorstellung, was Ihre neue Wohnung aufweisen muss. Sie kennen Ihre Engpass-Kriterien. Sie wissen auch, zu welchem Zeitpunkt Sie die Wohnung benötigen und haben eine Vorstellung davon, ob Sie diesen Zeitplan vermutlich locker einhalten oder sich damit schwer tun werden.

Endlich dürfen Sie mit gutem Gewissen mit der Suche beginnen. Oder sagen wir eher: Sie dürfen jetzt offiziell mit der Suche beginnen. Denn ich bin mir sicher, dass sich kaum ein Leser bis zu diesem Moment vollständig zurückgehalten und nicht zumindest im Internet schon einmal die Lage sondiert hat.

Mit dem gewonnenen Wissen können Sie die Wohnungssuche nun richtig angehen: Sie haben für Ihre Suche das richtige Fundament gelegt. Mit dem Knowhow der folgenden Seiten werden Sie vom Amateurlevel des gelegentlich suchenden Interessenten in die Profiliga der Wohungssuche aufsteigen, in der die Immobilienmakler spielen.

SUCHINSTRUMENTE IM ÜBERBLICK

Es gibt verschiedene Möglichkeiten, nach vakanten Immobilien zu suchen:

- **Internetportale**
- **Tageszeitungen**
- **Wochenblätter, Kleinanzeigen, sonstige Annoncen**

- **Mundpropaganda**
- **Neue Internetportale**
- **Initiativ-Aktionen**

Suchen übers Internet

Die transparenteste und für den Mietinteressenten gemütlichste Suchmöglichkeit bieten die Internetportale. Die beiden wichtigsten Seiten zur Immobiliensuche in Deutschland sind nach meiner Erfahrung *www.immobilienscout.de* und *www.immonet.de*. Zahlreiche kleinere Portale oder Kleinanzeigen-Datenbanken reihen sich hinter den beiden Marktführern auf. Internetportale sind für den Mietinteressenten toll: Hier kann man sich bequem durch bunte Bildchen von Wohnungen klicken, nach Preis, Quadratmeterzahl und sonstigen Kriterien (Keller, Balkon, Barrierefreiheit) segmentieren. In der Regel erhalten Sie so verhältnismäßig schnell einen recht differenzierten Überblick über das Angebot auf Ihrem Zielmarkt und über die Preise, die pro Quadratmeter in der jeweiligen Lage bezahlt werden.

Diese Immobilienbörsen sind heute die gängigste Variante der Wohnungssuche. In einem Markt mit stark begrenztem Angebot – zum Beispiel in Großstädten, wo der Wohnraum knapp ist – bedeutet dies für Sie, dass Sie sich bei Angeboten im Internet gegen zahlreiche Mitbewerber durchsetzen müssen. Bei besonders attraktiven Inseraten kann es schon schwierig sein, überhaupt in den Besichtigungstermin zu gelangen.

Wohnungsinserate in Tageszeitungen

Inserate im dem meist wöchentlich erscheinenden Immobilienteil der Tageszeitung waren stark frequentiert, bevor das Internet zum gängigen Medium wurde. Zahlreiche Privatvermieter schalten aus Gewohnheit bis heute ausschließlich Anzeigen in den Tageszeitungen, wenn sie auf Mietersuche gehen. Dabei beschränken sie sich auf die Tageszeitung, die sie abonniert haben. Ihr Verhaltensmuster ist im Vor-Internet-Zeithalter hängengeblieben. Dass die Auflagen und Reichweiten der Zeitungen schon seit vielen Jahren immer weiter sinken, ist ihnen nicht bewusst. Das Inserat ist hier leichter einzustellen als bei den Internetportalen und vielfach (zumindest für Privatvermieter) kostengünstiger. Als Mietinteressent können Sie bei der Wohnungssuche über den Anzeigenteil das ein oder andere Schnäppchen ergattern, da der Nachfragedruck hier weniger hoch ist als auf den stark frequentierten Internetportalen.

Der erste Kontakt mit dem Vermieter findet bei der Suche über Zeitungsannoncen zwangsläufig über das Telefon statt. Lesen Sie deshalb den Teil „Richtig telefonieren" aufmerksam. Denn wenn Sie am Telefon einen guten Eindruck machen, sind Sie direkt mit dem Vermieter im Gespräch und werden auch zur Besichtigung eingeladen. Natürlich fallen die bunten Bildchen erst einmal weg. Die Suche ist weniger gemütlich als die auf der heimischen Couch, mit dem Tablet in der einen und der Tasse Tee in der anderen Hand. Sie müssen den Vermieter entweder sehr genau befragen oder die Besichtigung abwarten, bevor Sie sich ein differenziertes Urteil bilden können. Im Übrigen finden Sie wenige Anzeigen von Maklern im Mietteil der Zeitungen. Bevor der Makler ein Objekt in der Zeitung bewirbt, versucht er es über das Internet. Das ist günstiger und im Regelfall auch effizienter.

Wochenblätter sind die neuen Sterne am Anzeigenfirmament. Die Auflage der kostenlosen Zeitschriften ist

riesig. Dementsprechend hoch ist auch die Resonanz für den Vermieter. Der Vermieter muss oftmals zahllose Interessenten einladen, bevor er einen geeigneten Mieter ausmacht. Umso besser, wenn Sie dieses Buch gelesen haben und genau wissen, worauf Vermieter achten. Auf diese Weise setzen Sie sich leichter gegen die Masse der Unwissenden durch. In dieselbe Kategorie fallen Internet-Kleinanzeigen. Hier lockt die Gewissheit, auf einen Privatvermieter zu treffen (der weniger konsequent selektiert als ein Makler) die Interessenten in Scharen an.

Wohnungssuche durch Mundpropaganda

Durch Mundpropaganda eine Wohnung zu suchen, ist für den Laien schwierig und aufwendig. Im Übrigen bewegen wir uns hier in meinem Tagesgeschäft als Makler. Immobilien „finden" bedeutet hier durch bestehende Kontakte zu Eigentümern und Multiplikatoren bald vakante Objekte aufzuspüren. Durch die „diskrete Suche" erhalten Sie mitunter Zugang zu Wohnungen, die noch nicht am Markt verfügbar sind. Das bedeutet: Der Aufwand kann sich lohnen. Die besten Angebote schaffen es nämlich gar nicht bis ins Internet, sondern werden „unter der Hand" vermietet.

Wohnungssuche in der Zukunft

Blicken wir einmal in die nahe Zukunft: Im Zuge des Bestellerprinzips könnten sich neue Portale etablieren. Diese werden mit ihren Services über die ausschließlichen Wohnungsofferten hinausgehen, indem sie versuchen, einen Teil der vom Makler geleisteten Arbeit zu automatisieren. Als gutes Beispiel für die zahlreichen Neugründungen in diesem Bereich führe ich hier das Portal *www.faceyourbase.com* auf. Es verspricht, Mieter und

Vermieter ohne Provision passgenau zusammenzubringen. Natürlich ist eine Maschine grundsätzlich günstiger als menschliche Arbeitskraft, aber sie kann eben nur in programmierten Strukturen denken. Es wird spannend, ob das neue Angebot in den kommenden Jahren von der Vermieterseite angenommen wird. Als Mieter bietet Ihnen die Suche auf den neuen Portalen im Augenblick einen Vorteil, weil sich hier weniger „Konkurrenz" tummelt … noch. Sehr verzweifelte Mietinteressenten konnten auch schon durch Plakat- und Flyeraktionen oder durch Internetaufrufe Wohnungen ergattern, etwa über Twitter, Facebook oder die eigene Webseite. Überdenken Sie insbesondere bei Aktionen im Internet Ihre Vorgehensweise gründlich – der Shitstorm ist manchmal nicht weit. Je schmerzbefreiter und fleißiger Sie sind, umso mehr Erfolgsaussichten haben Sie bei ungewöhnlichen Aktionen.

DER „MIETERMARKTWERT" – SO ATTRAKTIV SIND SIE FÜR DEN VERMIETER

Bevor Sie sich nun in die bunten Bildchen stürzen und Balkonfliesen und Fenstergrößen vergleichen, muss ich Sie noch ein weiteres Mal bremsen: Es reicht nicht, wenn Sie selbst wissen, was Sie brauchen und sich wünschen. Der Vermieter muss ebenfalls davon überzeugt werden, dass er sich keine andere Person wünschen kann als Sie – ja vielmehr, dass er gerade Sie als Mieter unbedingt braucht!

Um mit dieser Überzeugungskraft aufzutreten, müssen Sie zwei Dinge beachten: Zunächst sollten Sie verstehen, welche Vorstellungen Ihr Vermieter hegt. Darauf aufbauend können Sie beurteilen, welchen „Mietermarktwert" Sie haben – von wie großer Attraktivität Sie also als Mieter für den Vermieter sind. Wenn Sie diese beiden Dinge objektiv einschätzen können, werden Sie Ihre Suche noch zielgerichteter steuern und somit schneller zu einem Erfolg führen. Diese Steuerung beginnt schon bei der Auswahl der Suchinstrumente.

Aus Ihrem Mietermarktwert ergeben sich die Suchinstrumente, die Sie am schnellsten zur neuen Wohnung führen.

Blicken wir einmal in die Spezies „Vermieter" hinein: Was genau wünscht sich ein Vermieter? Eventuell ist das Einkommen aus Ihrer Miete für den Vermieter der Baustein, auf den er seine Altersvorsorge aufbaut. Vermieter wünschen sich deshalb einen Mieter, der zuverlässig und sicher zahlen kann. Jedem Vermieter ist weiterhin bewusst, dass Veränderung vor allem eines bedeutet: Arbeit. Es ist also in seinem Interesse, wenn ein Mieter einzieht, der die Wohnung nicht als Übergangslösung betrachtet und dem Vermieter schon nach einem halben Jahr wieder mit der Kündigung winkt. Muss er innerhalb kurzer Zeit noch einmal einen Mieter suchen, muss er eventuell erneut den Makler bezahlen und für eine bestimmte Zeit den Leerstand der Wohnung in Kauf nehmen. Spart er sich den Makler, investiert er selbst Zeit, Kraft und Nerven in die Mietersuche.

Vermieter wünschen sich deshalb tendenziell Mieter, die lange bleiben. Und diese Mieter, die lange bleiben, sollten möglichst anspruchslos sein und beim Vermieter nicht mit ständig neuen Wünschen und Forderungen aufwarten. Genauso möchten Vermieter es vermeiden, dass es innerhalb einer Hausgemeinschaft zu Streitereien und Ärger kommt, in den sie notwendigerweise als Vermittler einbezogen werden würden und deren Ausgang ebenfalls viel Arbeit bedeuten kann. Vermieter wünschen sich deshalb friedfertige und unauffällige Mieter, die sich in die Hausgemeinschaft einfügen. Und zu guter Letzt sind Vermieter eben doch auch wie Eltern: Sie sehen es nicht gern, wenn man sich danebenbenimmt, unordentlich ist oder nicht pfleglich mit den Sachen umgeht, die sie einem zur Verfügung stellen. Wenn Sie statt zum Typ Buchhalter also eher zum Typ kreativer Rowdy gehören, dürfte es schwer werden, das Herz des Vermieters im Sturm zu erobern. Und hier noch einmal alle Punkte in Kürze:

Was wünscht sich ein Vermieter?

- **Sicherheit des Mieteingangs**
- **Langfristige Mieter**
- **Wenig Aufwand mit bestehenden Mietern**
- **Mieter, die sich in die Hausgemeinschaft einfügen**
- **Mieter, die pfleglich mit dem Eigentum des Vermieters umgehen, sodass der Wert der Mietsache erhalten bleibt.**

Praktisch heißt das, dass ein Beamter im gehobenen Dienst, der etwa 50 Jahre alt ist und allein lebt, ein tendenziell relativ leicht zu vermittelnder Mieter ist. Ein alleinerziehender, Arbeit suchender Elternteil mit drei Kindern im Alter von 3 bis 7 Jahren ist tendenziell sehr schwierig zu vermitteln.

DIE SELBSTANALYSE

Wie schätzen Sie sich nun selbst ein? Sind Sie ein Top-Mieter, den der Vermieter unbedingt einmieten möchte, oder könnte es sein, dass Sie neben einem 50-jährigen Beamten, der sich um dieselbe Wohnung bewirbt, eher blass aussehen?

Skizzieren Sie doch kurz, wie Sie auf Ihren neuen Vermieter wirken würden, wenn in einer Stunde ein Besichtigungstermin wäre. Berücksichtigen Sie dabei folgende Punkte:

- Beruf: Wie lange üben Sie Ihre berufliche Tätigkeit schon aus? Wie oft haben Sie den Arbeitgeber in dieser Zeit gewechselt?
- Familienstand: Sind Sie Single, ledig, verheiratet, geschieden? Haben Sie Kinder? Wie viele Personen würden in der Wohnung einziehen?
- Haustiere: Bringen Sie Haustiere mit? Wenn ja, verlangen diese dem Vermieter besondere Toleranz ab?
- Wie schätzen Sie die Wirkung Ihres Erscheinungsbildes auf den Vermieter ein?
- Wie ist Ihr Kleidungsstil?
- Wie souverän treten Sie auf? Welche Wirkung haben Sie auf andere?
- Wie ist es um Ihre kommunikativen Fähigkeiten im Gespräch mit Ihnen noch unbekannten Menschen bestellt?
- Wie sind Ihre Artikulation und Aussprache? Sprechen Sie mit Akzent? Wenn ja, mit welchem? Überlegen Sie, ob Ihre Art zu sprechen bei Vermietern eher positive oder eher negative Emotionen auslöst.
- Haben Sie einen Schufa-Eintrag?

Für Ihre Notizen lasse ich hier eine Seite frei. Brainstormen Sie mit sich selbst, bevor Sie fortfahren.

IDEALTYPISCHE MIETERKATEGORIEN

Der leichteren Orientierung halber unterteile ich Mietinteressenten hier und im weiteren Buch in drei Stereotypen, die ich Kategorie-A-, Kategorie-B- und Kategorie-C-Interessenten nenne. Es ist ein Modell, natürlich sind die Abstufungen in der Realität fließender und weniger scharf umrissen.

Stereotyp A: Vermieterliebling

Sie sind der Vermieterliebling: Man überlässt Ihnen mit Kusshand die Wohnung. Sie arbeiten in einer hervorragenden Position, vielleicht im öffentlichen Dienst oder bei einem Finanzdienstleister. Dieser Arbeit gehen Sie schon länger als sechs Monate bei Ihrem aktuellen Arbeitgeber nach, sodass Sie sich außerhalb der Probezeit befinden. Sie sind solo oder leben in einem Zweipersonenhaushalt, natürlich mit Ihrem Partner und nicht mit Ihrer Mutter. Auch Ihr Partner ist berufstätig. Sie haben keine Kinder, keine Haustiere und niemand von Ihnen spielt Schlagzeug oder Posaune. Sie verfügen über ein solides Auftreten, sind offen und kommen leicht mit Menschen ins Gespräch. Sie besitzen die Fähigkeit, Ihre Wünsche und Bedürfnisse zu formulieren. Auch optisch entspricht Ihr Auftreten einer gesellschaftsüblichen Norm. Ihr Kleidungsstil reflektiert die bodenständige Spießigkeit der gehobenen Mittelschicht.

Stereotyp B: Wackelkandidat

Für den Vermieter kann es Vorteile bringen, Sie als Mieter auszusuchen, allerdings sind mit diesem Mietverhältnis auch Risiken verbunden. Denn Sie wechseln den Job und beginnen Ihr neues Arbeitsverhältnis mit einer Probezeit bei einem Start-up. Vielleicht haben Sie aber auch einen sicheren und gut bezahlten Job im IT-Bereich, aber keinen Funken Talent zum Smalltalk? Vielleicht sind Sie eloquent, gepflegt und ungebunden, aber von Beruf Opernsänger? Dann zählen Sie zu den Kandidaten, bei denen man nur schwer vorhersehen kann, ob der Vermieter Ihnen Vertrag und Schlüssel in die Hand drückt.

PHILIPP, DER INTERESSENT

Die folgende Story aus meinem Berufsalltag zeigt, wie kurz der Weg zum „Wackelkandidaten" sein kann: Ich trainiere seit Jahren in einer bekannten Fitnessstudiokette in Frankfurt und München, übrigens der Einzigen, die mir bei meinen späten Arbeitszeiten überhaupt noch das anschließende Trainieren erlaubt.
Über die Zeit kommt man mit seinen abendlichen Mitstreitern ins Gespräch. Philipp, ein Trainingspartner, berichtete mir von seiner schon lang andauernden, vergeblichen Wohnungssuche. Er werde grundsätzlich zur Besichtigung eingeladen, aber letztlich gaben Vermieter oder Makler doch immer anderen Kandidaten den Vorzug. Philipp arbeitet schon seit Langem in der Verwaltung und wäre auf dem Papier eigentlich ein Top-Mieter. Auch am Telefon hat er ein solides Auftreten und eine sympathische, sonore Stimme.
Seine äußere Erscheinung allerdings entspricht nicht der eines typischen Verwaltungsangestellten: Philipps vollständig tätowierter, austrainierter Bizeps hat in etwa

den Umfang meines Oberschenkels. Seine Körpergröße beträgt gefühlte drei Meter und er würde in einem Vin-Diesel-Film nicht weiter auffallen. Wenn ich der Vermieter wäre, hätte ich Philipp die Wohnung vielleicht gegeben – aber nur aus Angst, dass er mich vermöbelt, wenn ich es nicht tue.
Auch wenn es uns keinen Spaß macht und wir es eigentlich alle besser wissen sollten: Wir (und so auch Vermieter) denken in Stereotypen und Klischees, um die Komplexität unserer Welt zu vereinfachen. Diese Prozesse laufen oft automatisch ab, ohne dass wir uns darüber im Klaren sind. Auch der Vermieter, dem Sie gegenüberstehen werden, zeigt mit großer Wahrscheinlichkeit dieses Reaktionsschema und ordnet Ihre Erscheinung sofort einer bestimmten Kategorie zu. Machen Sie sich deshalb das Klischee bewusst, das Leute vermutlich mit Ihrem Auftreten in Verbindung bringen. Nur dann können Sie damit arbeiten und Ihre Wirkung proaktiv steuern. Kennen Sie Ihre Außenwirkung nicht, fragen Sie den Makler Ihres Vertrauens. (Übrigens: Es kostete mich nur zwei Telefonate und Philipp hatte eine neue Wohnung im Frankfurter Westend. Ein Glücksfall für den Vermieter. Philipp zahlt jeden Monat brav die Miete und seither wurde in dem Haus auch nicht mehr eingebrochen.)

Stereotyp C: Der Härtefall

Sie weichen in zahlreichen Punkten vom Stereotyp „Vermieterliebling" ab. Vielleicht sind Sie Arbeit suchend oder ein Freiberufler mit einem besonderen Beruf (z. B. Bestatter, Kammerjäger oder Anwalt für Mietrecht). Eventuell haben Sie auch zahlreiche Kinder oder unzählige Haustiere. Auch ein negativer Schufa-Eintrag kommt bei Vermietern nicht gut an. Als Typ-C-Mietinteressent sollten Sie sich auf eine holprige Wohnungssuche einstellen. Ich werde Ihnen im Folgenden einige Tricks und Kniffe verraten, wie Sie dennoch eine Wohnung bekommen können.

WOHNUNGSSUCHE ADVANCED – INITIATIVSUCHE FÜR HÄRTEFÄLLE

Wenn Sie sich gerade im Bereich der Typ-C-Mietinteressenten wiedergefunden haben, sollten Sie diesen Abschnitt genau lesen. Gehen Sie davon aus, dass Sie hohe Anstrengungen unternehmen müssen: Sie werden viele Absagen verbuchen, bevor Sie eine Wohnung finden, die auf Ihre Bedürfnisse halbwegs passt. Nicht aufgeben, nicht lockerlassen – das muss Ihre Devise sein!

Typ-C-Mietinteressenten sind für den Vermieter mit einem hohen Risiko behaftet: Sie fürchten, der Zahlungsstrom in Form der Miete könnte ausfallen, es könnten sich Schwierigkeiten in der Hausgemeinschaft ergeben und unter Umständen könnte es notwendig werden, die Behörden einzuschalten.

Natürlich ist in Ihrem speziellen Fall alles anders. Sie selbst wissen am besten, dass Sie die Miete monatlich aufbringen können. Sie sind sicher, dass Sie sich als Mieter genauso vorbildlich verhalten werden wie der ruhige Versicherungskaufmann nebenan. Ihre Großfamilie wird mindestens genauso leise und dabei natürlich deutlich liebenswürdiger sein. Außerdem putzen Sie das Treppenhaus schöner. Sie wissen das. Der Vermieter weiß es nicht. Selbstmarketing ist jetzt der sprichwörtliche Schlüssel zur Wohnung. Bei Typ-C-Mietinteressenten kommt es viel mehr als bei Mietern der anderen beiden Kategorien darauf an, dass sie sich gut selbst präsentieren.

Als Typ-C-Mieter müssen Sie härter sein als der Markt. Verkaufen Sie sich selbst! Innovation, Hartnäckigkeit und Kreativität entscheiden, ob Sie eine neue Immobilie finden.

Typ-C-Mieter und Makler – ein Verhältnis wie Feuer und Wasser?

Sprechen wir zunächst über den Regelfall: Der Vermieter beauftragt einen Makler, damit dieser Mieter findet, die zu den Mietergruppen Typ A, im Ausnahmefall Typ B gehören. Als Typ-C-Mieter haben Sie grundsätzlich schlechte Karten, wenn Sie die Angebote eines Immobilienmaklers anfragen. Dieser wird Sie entweder gar nicht erst zum Besichtigungstermin bitten, spätestens aber in der Auswahlrunde wird er Sie aussortieren. Das kostet Sie unnötig Zeit. Eventuell haben Sie überdies noch Energie und Nerven damit verschwendet, Formulare auszufüllen, die Sie gar nicht brauchen. Das heißt: Der Immobilienmakler als Wohnungsvermittler kommt für Sie nur in einem Ausnahmefall als Interaktionspartner infrage. Da Sie dies nun wissen, werden Sie im Regelfall bei der Wohnungssuche einen Bogen um Wohnungsvermittler machen.

Keine Regel ohne Ausnahme – und auch hier gibt es für Typ-C-Mieter eine Konstellation, in der der Makler eben doch die richtige Adresse sein kann. Das gilt für die Bewerbung auf Objekte, die der Makler nicht platzieren kann. Manche Vermieter verlangen Mieten, die weit über dem Marktpreis liegen. Andere Immobilien besitzen eine sehr einfache Ausstattung oder sind sogar fehlerbehaftet (z. B. weil sie feucht sind, an Hauptverkehrsstraßen liegen, eine nicht mehr zeitgemäße Ausstattung haben usw.), sodass der Makler selbst zu einem akzeptablen Preis keine Mieter findet.

Trotz der geringen Erfolgschancen entscheidet sich der Makler eventuell aus Sentimentalität zur Vermarktung des Objekts oder weil er den Kunden im Hinblick auf ein Folgegeschäft nicht an die Konkurrenz verlieren möchte. In diesem Fall muss er liefern, obwohl er nicht liefern kann. Hier wird der sonst so harte Makler zu Ihrem Verbündeten. Eventuell wird er deshalb über manche Unzulänglichkeit des Mietinteressenten hinwegsehen, und auch den Vermieter in eine für Sie vorteilhafte Richtung beeinflussen.

Derartige Immobilien erkennen Sie daran, dass sie vergleichsweise lange auf Internetportalen zu finden sind oder hin und wieder vom Markt verschwinden, um einige Zeit später mit neuen Fotos oder zusätzlichen Angaben zu erscheinen. Hier lohnt sich ein Anruf.

Mix & Match: Typ-C-Mieter und Privatvermieter

Grundsätzlich aber sollten Sie nicht auf einen solchen Ausnahmefall warten, sondern sich bei Ihrer Suche auf Privatleute konzentrieren. Privatvermieter arbeiten weniger professionell. Mit einem soliden Auftreten können Sie den Privatvermieter eventuell von sich überzeugen. Vielleicht haben Sie auch Glück und der Vermieter hat zufällig dieselbe Leidenschaft für Würgeschlangen wie Sie? Manch ein Vermieter hat auch einfach ein gutes Herz und vermietet bewusst an Personen, die Probleme haben, ein anderes Mietverhältnis zu bekommen. Diese Vermieter inserieren oft in den Kleinanzeigen von Wochenblättern oder in der Tageszeitung.

Eine Möglichkeit, einen Fuß in die Tür zu bekommen, ist, die eigenen Kontakte zu nutzen, um bei einem Auszug mit den richtigen Argumenten zur richtigen Zeit am richtigen Ort zu sein. Posten Sie Ihre Wohnungssuche bei Facebook, sprechen Sie mit Ihren Freunden und Bekannten, bitten Sie andere, die Ohren für Sie offen zu halten. So finden Sie Mieter, die gerade die Wohnung wechseln und eventuell einen Nachmieter vorschlagen möchten oder müssen. Wenn Sie mit dem Vormieter persönlich bekannt sind, wird er vielleicht beim Vermieter ein gutes Wort für Sie einlegen. Wenn der Vormieter sogar ein Eigeninteresse daran hat, dass Sie die Wohnung bekommen, weil er dann früher aus seinem Mietvertrag entlassen wird, haben Sie ganz sicher einen Fürsprecher. Hat dieser ein gutes Verhältnis zum Vermieter, wird die Chance, die Wohnung zubekommen, mit einem Mal sehr real.

In diesem Zusammenhang kann Ihnen die Einführung des Bestellerprinzips entgegenkommen: Seit der Vermieter die Kosten für einen professionellen Makler tragen muss, akzeptieren Eigentümer bereitwilliger als früher die Nachmieter, die ihnen von privater Seite vorgeschlagen werden. Das spart ihnen Zeit und Kosten.

Doch wie so oft, gibt es auch hier einen Haken: Diese Wohnungssuche für Typ-C-Mietinteressenten ist zeitaufwendig und mühsam. Nutzen Sie örtliche Anlaufpunkte und Multiplikatoren (bspw. Ihren Frisör, Ihre Bäckerei-Fachverkäuferin) und sensibilisieren Sie diese Personen, dass Sie eine Wohnung suchen. Diese Multiplikatoren sprechen täglich mit einer Vielzahl von Personen. Auch ein Aushang im Supermarkt kann nützlich sein. In Berlin und Hamburg gibt es Mieter, die ihre Immobiliensuche an Laternenpfählen plakatieren und sogar eine Belohnung für den Helfenden ausloben. Aufgrund der Wohnraumknappheit ist die Solidarität unter Mietern riesig. Sie sitzen alle im selben, vollvermieteten Boot.

Neulich entdeckte ich auf Twitter dieses Gesuch, das 140 Mal geteilt wurde. Verpacken Sie Ihr Anliegen bildlich oder verbal geschickt und Sie erreichen eine virale Weitergabe. Erfolg ist nicht garantiert – aber soziale Medien sind kostenlos und deshalb einen Versuch wert.

Wenn Sie es bis in die Besichtigungen schaffen, muss natürlich auch Ihr Auftritt stimmen. Lesen Sie deshalb das Kapitel über die Wohnungsbesichtigung gründlich, hier gebe ich Ihnen Hinweise zum richtigen Verhalten in der Besichtigung.

DIE ANGEBOTE EINORDNEN

Diese innovativen Suchinstrumente sind für Typ-C-Mietinteressenten geeignet. Typ-A- oder Typ-B-Mietinteressenten müssen meist weniger Aufwand betreiben. Für sie genügt ein Blick ins Internet. Wenn Sie Ihre Chancen erhöhen oder ein besonderes Schnäppchen ergattern möchten, dann checken Sie außerdem die Inserate in Tageszeitungen und Wochenblättern. Insbesondere Typ-A-Interessenten können sich die Kanäle nach Belieben zusammenstellen und auf private Offerten reagieren oder die Angebote eines professionellen Maklers annehmen. Wie oben beschrieben regelt sich der Mietmarkt über den Preis. Sie können also davon ausgehen, dass auf günstigen und günstig gepreisten Objekten höherer Nachfragedruck liegt als auf teuren Objekten – insbesondere in Großstädten. Bei einer höheren Kaltmiete wird die Nachfrage (also die Anzahl der Bewerber pro Wohnung) etwas dünner.

Erfahrungsgemäß steht mein Telefon nicht mehr still, sobald ich ein wirklich günstiges Angebot zur Miete auf den Markt bringe – unabhängig von der Qualität der Immobilie. Die Interessenten bieten mir Gratifikationen nahezu aller Art an, damit sie das Objekt mieten oder wenigstens bevorzugt besichtigen dürfen. Was ihnen allerdings keine Vorteile bringt, denn das neue Bestellerprinzip verbietet Maklern, vom Mieter irgendeine Art von Bezahlung anzunehmen und stellt dies unter massive Strafe, wenn die Vakanz der Immobilie dem Makler vor Ihrer Anfrage bekannt war.

Überprüfen Sie vor Beginn der Suche deshalb noch einmal Ihr Budget. Konzentrieren Sie sich bitte nicht ausschließlich auf die „günstigen Angebote". Erstens ist Ihre Konkurrenz unter den Mietinteressenten hier gewaltig. Zweitens haben günstige Angebote meistens einen Haken, besonders wenn sie vom institutionellen Vermittler (Makler/Hausverwalter) offeriert werden, der sich eigentlich mit der Preisbildung auf seinem Mietmarkt auskennen sollte. Schlecht qualifizierte Ausnahmen bestätigen die Regel.

WISSENSWERT

WARMMIETE VS. KALTMIETE

In den Portalen können Sie grundsätzlich nur nach der Kaltmiete suchen. Mit Kaltmiete ist der reine Mietzins für den Vermieter (ohne Nebenkosten) gemeint.
Die Nebenkosten teilen sich in verbrauchsabhängige Nebenkosten (Heizung/Warmwasser/Wasser) und sonstige Betriebskosten. Den verbrauchsabhängigen Teil können Sie selbst beeinflussen. Seit einiger Zeit muss bei Inseraten im Übrigen der Energieverbrauch bzw. -bedarf angegeben sein. An dieser Ziffer können Sie ablesen, ob es sich um eine energieeffiziente oder um eine energetisch mäßige Immobilie handelt. Sie suchen also nach der Kaltmiete, müssen aber die Nebenkosten auf jeden Fall in Ihrer Rechnung berücksichtigen.

Jetzt dürfen Sie loslegen: Hämmern Sie Ihre Suchkriterien in das Portal und genießen Sie die vielen bunten Bildchen, die im Immobilien-Google herausfallen. Nachdem Sie rein aus Neugier die hübschen Villen und Penthäuser mit Pool und Sauna zu Mondpreisen begutachtet haben, wenden wir uns jetzt wieder Ihrer Wohnungssuche zu: Vielleicht drehen Sie das Rädchen nach oben, wieder nach unten, klicken einige Male hin und her und haben dann Ihre drei Favoriten gefunden. Vielleicht haben Sie auch schon während der Suche beiläufig einige Anfragen abgeschickt (im Adressfeld ein unvollständiger Teil Ihres

Datensatzes und im Textfeld das voreingestellte Standardstatement: Ich wünsche eine Besichtigung). Nach dem vielen Hin- und Herklicken haben Sie in 30 Minuten schon eine ganze Reihe Wohnungen angefragt.

Wie fühlen Sie sich? Gut?
So macht man es übrigens nicht.

... IM MAKLERBÜRO

Betrachten wir einmal die andere Seite der Anfrage: Ihr derzeitiger Lieblingsmakler (ich) kommt eines Montagmorgens gut gelaunt ins Büro.
Auf seinem Computerbildschirm erscheinen zwischen 150 und 300 Anfragen, die übers Wochenende eingelaufen sind. Während er an seinem Kaffee nippt, katalogisiert er die Anfragen und ruft sogleich und noch immer gut gelaunt den ersten Interessenten an: Sie! Nachdem sich der Makler vorgestellt hat, fragt er Sie höflich, wie er Ihnen denn zu dem Objekt weiterhelfen kann. Daraufhin antworten Sie etwas verdattert:

„Ich habe so viele Anfragen geschickt, ich weiß gar nicht, um welche Immobilie es gerade geht."

Und jetzt raten Sie, wer die schicke Wohnung zum günstigen Preis in der tollen Lage sicher nicht bekommen wird.
Das liegt übrigens nicht daran, dass Makler so griesgrämige Menschen sind.

Vielmehr signalisieren Sie dem Vermittler durch Ihr Verhalten, dass das Objekt ohnehin nicht in Ihrer engeren Wahl ist, denn Sie können sich ja nicht einmal an die Wohnung erinnern.
Der Anbieter möchte natürlich zügig vermieten, um den finanziellen Ausfall durch Leerstand zu minimieren. Wenn er 50 weitere Anfragen zu der Immobilie bekommen hat, wäre es schlicht Zeitverschwendung, auch Kandidaten zur Besichtigung einzuladen, die gar kein merkliches Interesse an der Immobilie haben. Damit sind Sie aus dem Rennen.

Bei der Suche übers Internet ist also zunächst wichtig, dass Sie bewusst Angebote auswählen, denen Sie später eine Anfrage senden. Suchen Sie sich fünf bis zehn Offerten. Mehr Termine können Sie kurzfristig sowieso nicht wahrnehmen. Die Inserate verfügen über eine Identifikationsnummer. Diese können Sie kopieren und in ein Dokument oder eine E-Mail einfügen. Auch in den Portalen selbst existieren sogenannte „Watchlists" bzw. Merkzettel, auf denen Sie interessante Objekte sammeln können. Nun checken Sie die Angebote ein zweites Mal. Teilen Sie in Privatvermieter und professionelle Anbieter. Sie können das Kompetenzlevel des Anbieters schnell herausfinden, indem Sie folgende Fragen stellen: Ist der Text fehlerfrei geschrieben? Wie wirken die Fotos auf Sie (professionelle Anbieter wissen nach einigen hundert vermarkteten Objekten, wie die Kamera gehalten werden muss, damit passable Bilder herauskommen). Existieren Grundrisse? Ist ein Energiepass beigefügt oder der Kennwert angegeben? Wird ein Ansprechpartner genannt und existieren Kontaktdaten?

Wer gerne recherchiert, kann auch die Homepage des Anbieters checken, falls dieser eine Adresse angegeben hat, oder den Namen des Unternehmens googlen.

Suchen Sie sich erst die Wohnungen heraus, die Sie später anfragen. Fünf bis zehn Inserate sind zunächst ausreichend. Formulieren Sie Ihre Internetanfrage richtig, mehr Infos finden Sie im Kapitel „Kontaktaufnahme übers Internet".

Echte Schnäppchenjäger werfen einen Blick in die kostenlosen Anzeigenblätter und in die Tageszeitungen. Die Suche über Printmedien ist jedoch vergleichsweise ungemütlich. Sie müssen auf Bilder verzichten und sich in irritierende Abkürzungen und Verklausulierungen einlesen. Damit Ihnen dies ein wenig leichter fällt, gebe ich Ihnen im Folgenden eine Übersicht über die gängigsten Abkürzungen:

Gängige Abkürzungen in Print-Immobilienanzeigen

BZ:	Badezimmer
Bj.:	Baujahr
Blk.:	Balkon
DG:	Dachgeschoss
DH:	Doppelhaus
DHH:	Doppelhaushälfte
DU:	Dusche
EBK:	Einbauküche
EG:	Erdgeschoss
EFH:	Einfamilienhaus

ELW:	Einliegerwohnung
ETH:	Etagenheizung
ETW:	Etagenwohnung
FbH:	Fußbodenheizung
HK:	Heizkosten
KB:	Küche, Bad
KM:	Kaltmiete
KiZ:	Kinderzimmer
KT:	Kaution
kWh/(m²a):	Kilowattstunde pro Quadratmeter/Jahr
MFH:	Mehrfamilienhaus
MM:	Monatsmiete
möbl.:	möbliert
NK:	Nebenkosten
NR:	Nichtraucher
OG:	Obergeschoss
RH:	Reihenhaus
TGL:	Tageslicht
TG:	Tiefgarage
UG:	Untergeschoss
VB:	Verhandlungsbasis
WG:	Wohngemeinschaft
WiG:	Wintergarten
WM:	Warmmiete
ZFM:	Zweifamilienhaus
ZH:	Zentralheizung
ZKB:	Zimmer, Küche, Bad

Beachten Sie, dass keine einheitliche Vorschrift oder Regel existiert, wie eine Immobilienanzeige auszusehen hat. Besonders Privatvermieter kommen auf interessante bis kuriose Abkürzungsideen, um Platz (und somit Kosten) im Inserat zu sparen.

Hier habe ich einige Stilblüten aufgeführt, die mir in der letzten Zeit begegnet sind:

SchlüfeEFH-NBzMi = Der Anbieter meinte: Schlüsselfertiges Neubau-Einfamilienhaus zur Miete.

3Z-DuTGLBaKüWC im 1.OG = Gemeint ist eine 3-Zimmer-Wohnung im ersten Stock, die über ein Duschbad mit Tageslicht, über eine Küche (der Anbieter meinte aber eigentlich Einbauküche) und ein separates WC verfügt.

Hundi.erl.= Das Halten eines Hundes ist erlaubt.

SBK= Nein, hier ist keine Luxus-Küche, sondern ein Südbalkon gemeint.

MüZ= München, Zentrum

bezfr. Sofort= Die Immobilie kann sofort bezogen werden.
Aldi-nah= Ein Supermarkt befindet sich gleich um die Ecke.

Tageszeitungen und Wochenblätter verlangen für Kleinanzeigen von Privatleuten weniger Geld als für Anzeigen von Unternehmen. Aus diesem Grund finden Sie im Printbereich zahlreiche Privatangebote. Privatvermieter haben einen sehr eingeschränkten Blick auf ihre eigene Immobilie, da sie im Unterschied zum Makler ja ausschließlich diese vermieten. Deshalb fehlt ihnen auch die Zielgenauigkeit bei der Preisermittlung. Folglich können Sie als Interessent im privaten Anzeigenteil zahlreiche „Schnäppchen" ergattern. Allerdings müssen Sie sich hierfür ein Bild von der Immobilie machen und dies gelingt Ihnen nur in einem Besichtigungstermin. Dabei könnte sich natürlich auch herausstellen, dass ein Liebhaber Ihnen ein Gartenhäuschen mit Tümpel als Wellnessoase im Grünen zu verkaufen versucht. Termine kosten Zeit und Nerven – beides sind Ressourcen, die Sie hier investieren müssen (für die Sie vormals übrigens als Interessent den Makler bezahlen konnten).

Wenn ich vor der Einführung des Bestellerprinzips für Interessenten nach Mietimmobilien gesucht habe, ging ich von einer „Erfolgsquote" von eins zu drei aus. Das bedeutet, ich musste etwa drei Termine mit Privatvermietern wahrnehmen, um ein Objekt zu finden, das ich meinem Mieter vorschlagen konnte. Zwei der Immobilien waren meist unbrauchbar – aufgrund der Qualität des Wohnraums, einer falschen Preisvorstellung des Vermieters oder schlicht einer fehlerhaften Darstellung in der Anzeige. Ein Objekt hingegen konnte ich dem Interessenten mit gutem Gewissen vorstellen. Dieser besichtigte mit mir durchschnittlich zwei Wohnungen und entschied sich dann für eine.

Die zweite, abgelehnte Wohnung durfte ich einem anderen Interessenten präsentieren, der mich zuvor beauftragt hatte. Diese Möglichkeit verbietet nun das Bestellerprinzip – insofern ist die Objektsuche für mich unwirtschaftlich geworden. Heute arbeite ich ausschließlich für den Vermieter. Hin und wieder unterstütze ich natürlich Freunde bei der Wohnungssuche, dann allerdings unentgeltlich …

Als „Neuling" bei der Suche über Wohnungsanzeigen sollten Sie von einer Erfolgsquote von fünf zu eins ausgehen. Das bedeutet, Sie werden etwa fünf Besichtigungen benötigen, um eine brauchbare Immobilie zu finden. Weiterhin empfehle ich Ihnen, meine Ratschläge zum Ersttelefonat mit dem Vermieter zu verinnerlichen.

Außerdem sollten Sie zunächst so genau recherchieren, dass Sie eine konkrete Vorstellung von der gängigen Preisspanne in der jeweiligen Lage erhalten. Hierfür bieten wiederum die Internetportale gute Indikationen – auch wenn Ihnen natürlich die Gewissheit fehlt, dass die angebotenen Immobilien am Ende tatsächlich zum genannten Preis vermietet werden. Oft veröffentlichen die Internetportale Skalen mit durchschnittlichen Kaltmieten für die jeweiligen Stadtviertel. Auch diese können Sie gut als Vergleichsbasis verwenden, wenn Sie das Angebot eines Privatvermieters beurteilen möchten.

KAPITEL DREI

DER ERSTE KONTAKT MIT DEM ANBIETER

WIE TICKT EIN ANBIETER?

Während Ihrer Wohnungssuche werden Sie mit drei Personengruppen in Kontakt kommen – wohl oder übel:

Makler, Hausverwalter und Privatvermieter

Stellen sich Ihnen die Nackenhaare auf? Ich weiß, dass diese Personengruppen bei den meisten Mietern und Mietinteressenten nicht beliebt sind. Doch wenn Sie bei der Wohnungssuche erfolgreich sein möchten, dürfen Sie nicht im Klischeedenken stehen bleiben.

WISSENSWERT

Anwälte und Mieterverbände verdienen immer dann Geld, wenn sich Mieter und Vermieter streiten.
Aus diesem Grund wird die geballte Ablehnung der Vermieterseite von Medien und wirtschaftlich agierenden Interessengruppen gerne geschürt. Ratgeberartikel zu den ständigen Streitthemen „Was darf der Mieter", und „Was darf der Vermieter nicht" werden tausendfach geteilt. Ein immer gern gelesenes Bestsellerthema ist natürlich auch: „Wo, wann und wie mich der böse, inkompetente Makler abgezockt hat". Der überwiegende Anteil der Vermieter, die ich kenne, sind ehrliche Menschen, die ihre Objekte in Schuss halten und um ein gutes Verhältnis zu ihren Mietern bemüht sind. Lassen Sie sich von der medialen Panikmache nicht abschrecken und gehen Sie offen auf die Anbieterseite zu.

Mit Blick auf Ihre neue Wohnung sollten Sie allen Vorurteilen zum Trotz die Anliegen und Motive der jeweiligen Anbietergruppen kennen:

Der Makler

Vom Vermieter beauftragt, hat der Makler zwei grundlegende Interessen:

a) Er will den Auftrag des Vermieters ausführen, also die Wohnung vermieten und dabei eine Leistungsqualität erbringen, die den Vermieter veranlasst, ihn bei einer erneuten Vermietung oder einem eventuellen Verkauf der Immobilie wieder zu beauftragen. Deshalb sucht der Makler nach Top-Mietern (Typ-A-, allenfalls Typ-B-Mietinteressenten), um das Risiko des Verlusts eines Kunden so gering wie möglich zu halten (zu Deutsch: Wenn's mit dem Mieter Stress gibt, ist der Makler schuld – denn der hat ihn schließlich vermittelt).

b) Der Makler will seine Kosten bzw. seinen Arbeitsaufwand so gering wie möglich halten. Die wesentlichen Kostentreiber von Maklerbüros sind Zeit, Inseratskosten und Transportkosten. Hierbei ist die Zeit die wertvollste Ressource, über die der Makler verfügt.

Vor dem Bestellerprinzip wollte der Makler Sie als Mieter zudem möglichst zufriedenstellen, da Sie ja seine Provision bezahlen mussten. Nach dem Bestellerprinzip muss er nur noch aufpassen, dass Sie nicht vor seinem Büro oder schlimmer, im Internet, gegen ihn demonstrieren. Als Mieter können Sie also viel weniger Service erwarten als früher.

Beachten Sie, dass bei Maklern große Unterschiede in der Qualifikation bestehen, weil der Beruf „Immobilienmakler" nicht geschützt ist und keinerlei Grundkenntnisse nachgewiesen werden müssen, wenn man dieses Gewerbe anmeldet. Seit sie den Makler selbst finanzieren müssen, entscheiden sich viele Vermieter gegen eine Beauftragung und nehmen die Vermietung lieber selbst in die Hand – es sei denn, sie haben so große Bestände, dass sie den Vermietungsbedarf nicht mehr selbst abwickeln können. Wenn Sie also im „Zeitalter nach der Einführung des Bestellerprinzips" auf Makler treffen, haben Sie es tendenziell mit einem Vermieter zu tun, der entweder auf eine professionelle Dienstleistung Wert legt oder/und dessen Objektbestand vergleichsweise groß ist.

Der Hausverwalter bzw. Berechtigte

Der Verwalter eines Hauses oder einer Wohnungseigentümergemeinschaft bzw. der Mietverwalter kümmert sich primär um die Instandhaltung und Abrechnung des Hauses. Prinzipiell verfolgt er ähnliche Interessen wie der Immobilienmakler, mit dem Unterschied, dass der Vermietungsprozess für ihn oft reinen Aufwand darstellt, für den er nicht zusätzlich entlohnt wird. Er wird sich also bemühen, den Mieterumschlag seines Objekts so gering wie möglich zu halten und deshalb noch stärker darauf achten, Mieter mit langfristiger Mietperspektive zu empfehlen.

Der Privatvermieter

Privatvermieter haben ihren Immobilienbestand im Laufe der Zeit zusammengekauft oder geerbt. Der klassische Privatvermieter hält zwischen einer und fünf Wohnungen, eventuell innerhalb eines einzelnen Mehrfamilienhauses.

Manchmal wohnt der Privatvermieter selbst in dem Objekt, was Mieter mit den oben genannten Ressentiments meist nicht zu Freudentränen rührt.

Wenn der Privatvermieter den Immobilienbestand im Hinblick auf seine eigene Altersvorsorge erworben hat, laufen Finanzierungen gegen die Miete. Das bedeutet, Ihre Miete wird benötigt, um die Kreditraten zu tilgen. Hat er den Bestand geerbt, sind die Immobilien vielfach schuldenfrei. Tendenziell werden Privatvermieter nervös, wenn Sie aufgrund fehlender Mieteingänge rote Zahlen schreiben.

Der Privatvermieter, der keinen Makler einschaltet, betrachtet seine Immobilie isoliert. Er hat meist keine breitere Orientierung auf dem Wohnungsmarkt. Der Vermieter „liebt" sein Objekt, unabhängig von der Qualität und Lage der Immobilie. Und dass Liebe blind macht, gilt eben nicht nur im zwischenmenschlichen Bereich. Wer gesteht sich schon gerne ein, Dinge von geringer Qualität zu besitzen – oder viel schlimmer – erworben zu haben, ohne sich der Mängel bewusst gewesen zu sein?

Der rationale Privatvermieter sucht also möglichst schnell bonitätsstarke Mieter mit einer langfristigen Mietperspektive. Leider sind zahlreiche Privatvermieter nicht rational – erst recht nicht, wenn sie auf eigene Faust auf Mietersuche gehen. Anbei gebe ich Ihnen einige Privatvermieter-Stereotypen als Beispiele mit auf den Weg. Sie alle habe ich während meines Berufsalltages des Öfteren getroffen, wenn ich mit oder für Suchkunden Wohnungen besichtigt habe.

Vorsicht: Die Ähnlichkeit zu real existierenden Personen ist kein Zufall!

VERMIETERTYPEN

THE GRUMPY LANDLORD

Der „Grumpy Landlord" ist ein stets mies gelaunter Herr. Er steht in der Besichtigung gerne hinter dem (von ihm aus reiner Langeweile engagierten) Makler und sucht gleichermaßen Fehler im Auftreten von Makler und Mietinteressenten. Bei der endgültigen Auswahl berücksichtigt er meistens junge blonde Frauen. Sind Sie eine junge blonde Frau, so erhöhen Sie Ihre Chancen auf die Wohnung, wenn Sie ohne Ihren durchtrainierten Freund zur Besichtigung erscheinen. Haben Sie den Mietvertrag in der Hand, checken Sie Ihre Wohnung vor dem Einzug auf Wanzen und Kameras und schließen Sie aus, dass der „Grumpy Landlord" nicht rein zufällig die gegenüberliegende Wohnung mit gutem Blick auf Ihre Fensterfront bewohnt.

DIE GESELLIGIGKEIT SUCHENDE

Einsame Menschen suchen zuweilen nach Beschäftigung. Vermieten kann in einer solchen Situation eine durchaus amüsante Aufgabe sein, die einige Vorteile mit sich bringt. Durch die Besichtigungstermine können die Vermieter endlich wieder am Leben teilnehmen. Sie kommen mit vielen unterschiedlichen Menschen in Kontakt, mit denen sie sofort ein gemeinsames Gesprächsthema haben. In den Gesprächen signalisieren sie gern, wie verantwortlich sie handeln. Leider haben eben diese Vermieter in der Regel nur wenige Objekte, vielleicht eine oder zwei Wohnungen, zu vermieten. Deshalb neigen sie dazu, den Vermietungsvorgang in

die Länge zu ziehen und sich möglichst viele Interessenten anzusehen.
Reden wir Klartext: Von dieser in der Besichtigung sehr wohlwollend wirkenden Person werden potenzielle Mieter knallhart als Entertainmentmaterial am Nachmittag verheizt, bis die Lindenstraße diese Aufgabe am Vorabend übernimmt. Vergessen Sie es!
Die besichtigte Wohnung wird in drei Monaten noch immer vakant sein. Auch wenn es manchem Anbieter dieses Typs nicht bewusst sein mag: Er oder sie wird immer neue Gründe finden, um Mieter abzulehnen und weitere Interessenten einzuladen.
Verschärfte Variante: Sie werden ein zweites und ein drittes Mal eingeladen und bekommen die Wohnung am Ende trotzdem nicht.
Was in dem Fall auch besser für Sie ist: Denn diese Art Privatvermieter kann auch während des Mietverhältnisses mitunter unangenehm aufdringlich werden.

DER ELOQUENTE KORINTHENKACKER

Alleinstehende Beamte mittleren Alters schaffen sich gerne Kapitalanlagen an, die ihnen auch im Ruhestand beschauliche Sicherheit garantieren sollen.
Natürlich sind sie bestens über Art und Ausstattung ihrer Wohnung informiert und das soll auch jeder Interessent spüren. Die Besichtigung gerät zum Fachvortrag und statt der normalen 20 Minuten kann sie sich im Angesicht dieses Vermieter-Exemplars gerne mal zu einem 100-Minuten-Monolog ausweiten. Wenn Sie danach nicht völlig entnervt die Flucht ergreifen, werden Sie die Wohnung mit ziemlicher Sicherheit bekommen. Sie dürften nämlich der oder die Einzige sein, der übrig geblieben ist!

DER GENERVTE SOHN

Dem genervten Vermieter ist alles zu viel. Er verfügt nicht über das nötige Kleingeld, um einen Makler zu bezahlen. Er hat aber auch keine Lust, mit Ihnen die Immobilie zu besichtigen. Mit Ihnen nicht und mit einem anderen Interessenten nach Ihnen erst recht nicht. Signalisieren Sie, dass die Wohnung nicht genau dem entspricht, was Sie sich vorgestellt haben, behandelt er Sie wie die personifizierte Zeitverschwendung. Eigentlich gehört ihm das Objekt ohnehin nicht. Es gehört seiner Mutter, die weit weg in einem Liegestuhl sitzt und regelmäßig über der Erfüllung seiner Sohnespflicht wacht. Doch lehnte er die Vermietung ab, wäre sein Erbe in Gefahr. Dummerweise sind Sie es, der diesen Konflikt abbekommt.

DIE DEFENSIVE SICHERGEHERIN

„Bloß nichts falsch machen" ist die Devise dieser Vermieterin. Deshalb wird sie ihre Immobilie von ihrer schlechtesten Seite zeigen und was man nicht sehen kann, krankhaft schlechtreden – nur damit Sie auf alle Eventualitäten vorbereitet sind und ihr hinterher keinen Vorwurf machen können. Hier können Sie Ihr Hirn getrost auf Durchzug schalten, denn Vermieter von echten Schrott-Objekten argumentieren anders. Normalerweise ist das Objekt der vorsichtigen Vermieterin akzeptabel. Falls Sie die Vermieterin fragt, ob Sie eine Haftpflichtversicherung besitzen, dann überlegen Sie nicht und antworten mit Ja, sonst ist die schicke Wohnung für immer verloren. Schließen Sie die Versicherung einfach zeitnah ab.

KONTAKTAUFNAHME ÜBERS INTERNET

Die Schwelle, über ein Immobilienportal im Internet eine Wohnung anzufragen, ist niedrig: Nichts leichter als das, so scheint es. Aber Vorsicht, der Schein trügt.

Denn Ihr Ziel ist nicht, diese Anfrage abzuschicken, sondern Ihr Ziel ist, zum Besichtigungstermin eingeladen zu werden. Und wie Sie bereits wissen, ist der Andrang bei attraktiven Wohnungen in den Internetportalen riesig. Gerade in Groß- oder Studentenstädten und bei günstigen Angeboten werden die Anbieter von Mails nur so überhäuft. 300 Anfragen auf Wohnungen in begehrten Lagen oder zu günstigen Preisen zu bekommen, ist durchaus üblich. Manche Anbieter behelfen sich, indem sie das Angebot nur kurz ins Internet stellen, die ersten 50 Anfragen abschöpfen und es danach sofort wieder aus dem Netz verschwinden lassen. Einer meiner berufstätigen Freunde ärgerte sich kürzlich in meiner Gegenwart sehr darüber, dass die Angebote, die er über E-Mail zugesandt bekam, am Abend schon alle wieder aus dem Netz verschwunden waren. Und tatsächlich ist es zuweilen ein Glücksspiel, im richtigen Moment auf dem richtigen Portal unterwegs zu sein.

Sie als Mieter müssen sich im Wettbewerb gegen Ihresgleichen durchsetzen. Und dieser Wettbewerb ist auf Immobilienportalen besonders hoch. Hier sollten Sie keine Fehler machen. Verhalten Sie sich richtig, werden Sie auch regelmäßig eingeladen und bekommen so die Chance, in die Auswahlrunde zu gelangen. (Natürlich werden Sie nicht von 100 Prozent der Anbieter Einladungen bekommen, aber Sie werden Ihre Quote dennoch maßgeblich steigern).

Senden Sie Objektanfragen mit Bedacht.
Machen Sie sich Gedanken über den Text der Anfrage und achten Sie auf Ihre Kontaktdaten.

Um zur Besichtigung eingeladen zu werden, muss sich Ihre Anfrage positiv aus der Flut der Nonsens-Posts, mit denen der Anbieter täglich bombardiert wird, abheben.

Beachten Sie deshalb folgende Regeln:

1) Absenderdaten
Füllen Sie sämtliche Adressfelder korrekt und ordentlich aus: Vorname, Nachname, E-Mail-Adresse, Telefonnummer.

Verfügen Sie über einen Festnetzanschluss, geben Sie diese Rufnummer und Ihre Mobilfunknummer an. Ein Festnetzanschluss ist immer mehr wert als eine x-beliebige Handynummer. Auch wenn Sie später den Anbieter anrufen, wählen Sie immer den Festnetzanschluss. Sie verdoppeln so die Chance, dass Sie zurückgerufen werden. Gerade Makler erhalten oft zahlreiche Anrufe pro Tag. Wenn sie ihre Rückruflisten abarbeiten, wählen sie grundsätzlich zunächst die Festnetzanschlüsse an, denn hier ist die Wahrscheinlichkeit größer, dass sich ein (zahlender) Kunde, also ein Kunde der Anbieterseite, hinter der Nummer verbirgt. Wenn's Geld zu verdienen gibt, ist der Geschäftsmann eben stets zur Stelle.

Achten Sie auch darauf, welche E-Mail-Adresse Sie verwenden. Entscheiden Sie sich für eine konservative

Adresse wie etwa Vorname.Nachname@webdienst.de. Auch wenn es Ihnen originell erscheint, nehmen Sie NICHT „Killerhuhn93@…" !

Sie lachen, aber mich haben allein in den letzten Monaten Anfragen von den aberwitzigsten E-Mail-Accounts erreicht. Hier sind einige davon – ich habe sie minimal abgewandelt – und sie alle vermitteln ihr eigenes Bild vom Interessenten. Einige der Bewerber habe ich inzwischen persönlich kennengelernt. Leider war der durch die E-Mail-Adresse vermittelte Eindruck oft durchaus zutreffend …

mandysuperstar@…
melanieXXX6699@…
wohnungssuche23@…
heisser-fahrlehrer_73@…
Salzkristal2406@…
fear1885@…
lecker-pizza@…
Killerbabe1987@…
myadbox@…
einsam-er813@…
secret_anna@…
trance2007@…
bigibanause@…
presse-box@…
freddy-the-brain@…
waldfee92@…
adolf3000@…
attentionplease01@…
benjamin-blumtopf@…
luderchen-frankfurt@…
spiderman85.hero@…

2) Anfragentext

Achten Sie auf korrekte Rechtschreibung. Sprechen Sie den Anbieter persönlich an, etwa mit „Sehr geehrter Herr Müller". Nutzen Sie den Anfragentext, um sich darzustellen. Schreiben Sie aber auch nicht zu viel, große Textblöcke sind oft anstrengend zu lesen. Anbieter interessiert besonders Ihre berufliche Tätigkeit und seit wann Sie diese ausüben. Weiterhin möchten sie wissen, wie viele Personen ab wann einziehen würden. Achten Sie darauf, dass der Text nicht länger als drei bis vier Zeilen wird.

Stellen Sie sich nur positiv dar und lassen Sie Sachverhalte, die negativ ausgelegt werden könnten, hier einfach weg. LÜGEN SIE NICHT!

Folgendes sollten Sie nicht in Textfeldern angeben, wenn Sie zur Besichtigung eingeladen werden möchten:

- **zu detaillierte Vorstellungen von der optimalen Wohnung:**
  Sie schreiben: „Wir suchen eine ruhig gelegene Wohnung mit einem schönen Ausblick und U-Bahn-Anbindung."
  Der Anbieter impliziert: „Der Kunde stellt ja schon jetzt Ansprüche – scheint ein komplizierter Typ zu sein, das wird anstrengend." Oder kurz: :-(
- **restriktive Terminvorgaben:**
  Sie schreiben: „Ich kann nur donnerstags ab 19:00 Uhr" oder „Ich bin diesen Samstag für Besichtigungen in der Stadt und könnte die Wohnung zwischen 14:00 Uhr und 15:00 Uhr dazwischenschieben".
  Der Anbieter: :-(((

Selbst mich, der ich ein grundsätzlich liebenswürdiger Makler bin, erwischen Sie mit einer solchen Formulierung auf dem falschen Fuß. Anfragen dieser Art – und sie kommen häufig vor! – bereiten einem augenblicklich ein aggressives Grummeln in der Magengegend. Ich habe mir übrigens angewöhnt, Anfragen dieser Art zu sammeln und dem Vermieter nach abgeschlossener Vermietung auf Wunsch unter der Rubrik: „Interessenten, die ich nicht eingeladen habe", weiterzugeben. Dann lösche ich sie.

- **Vorwarnungen:**
  „Ich möchte einen Besichtigungstermin, zunächst müssen wir aber einige Probleme klären."
  Vermeiden Sie bitte generell das Wort: PROBLEME. Es turnt ab!
- **Appelle:**
  „Rufen Sie mich schnellstmöglich zurück!"
  Der Vermieter wird sich nicht auf Ihre Erpressungsversuche einlassen.
- **Superlative:**
  „Das ist die exorbitant allerhippeste Wohnung, die wir je in unserem Leben gesehen haben!"
  Der Makler rollt mit den Augen und bearbeitet zunächst alle anderen Anfragen.
- **Betteln:**
  „Ich weiß nicht mehr, was ich machen soll, wenn Sie uns nicht helfen. Wir (ich und meine sieben Zwerge) brauchen so dringend eine Wohnung."
- **Bestechungsversuche aller Art:**
  „Wir würden uns bei Ihnen persönlich erkenntlich zeigen, wenn wir den Mietvertrag erhalten."

- **Orthografisch und grammatisch haarsträubend falsche Anfragen (der Autokorrektur sei dank):** Hallo Vermittlung, isst die Wohnung noch zu haben, dann bitte ich um Besserungstermin so bald wie Mörder. Gruß Julian."

Treten Sie verbindlich auf!

Insbesondere für professionelle Anbieter sind Besichtigungen ein Kostenfaktor, den sie minimieren möchten. Ziel des Anbieters ist nicht, möglichst viele Besichtigungen durchzuführen, sondern den passenden Mieter für die Immobilie so schnell wie möglich zu finden und dabei seinen Aufwand möglichst gering zu halten. Bei unüberlegten Formulierungen im Anfragentext wie „Wir möchten uns die Wohnung mal unverbindlich ansehen", beginnt das „Ich-verbrenne-Geld-Licht" im Büro des Maklers mindestens gelb, wenn nicht sogar rot zu blinken. Die Formulierung legt nahe, dass Sie in Ihrer Freizeit ein semiprofessioneller Besichtigungstourist sind, dem der Makler wohl niemals irgendwas vermitteln wird …

Fazit: Gerade im Zeitalter von Bestellerprinzip und Wohnraumknappheit tragen Sie als Interessent die Bürde, dass Sie sich auf ein knappes Gut bewerben. Solange nicht dramatisch mehr Wohnungen im Mittel- und Unterklassesegment der Ballungszentren gebaut werden, kann der Anbieter zwischen vielen möglichen Alternativen auswählen. Als vom Vermieter beauftragter Makler schütze ich meinen Kunden vor Mietern, die ihm über die Dauer des Mietverhältnisses Schwierigkeiten bereiten können. Die

Vorboten dieser Schwierigkeiten zeigen sich häufig schon bei der Kontaktaufnahme.

Sie müssen dem Vermieter (bzw. Anbieter) nicht als Bittsteller entgegentreten, schließlich möchte die Vermieterseite Ihr Geld und Ihre Person als zuverlässigen, solventen Mieter. Aber geben Sie sich im eigenen Interesse respektvoll und diplomatisch, sodass Sie der Vermieter sympathisch findet und auch der Makler mit einem guten Gefühl in die Besichtigung geht.

Prüfen Sie den Text Ihrer Anfrage. Überlegen Sie sich, bevor Sie auf das Senden-Feld klicken, wie Ihr Text beim Anbieter aufgenommen werden könnte. Wenn Sie nicht sicher sind, ob man ihn optimal versteht, ändern Sie den Text lieber noch einmal.

So geht's richtig

Geben Sie lieber wenige, dafür korrekt und ordentlich zusammengestellte Informationen an. Wenn die Form erkennen lässt, dass Sie als Interessent nicht den vom Vermieter gewünschten Standard erfüllen, wandert die Anfrage ohne weitere Prüfung in den Papierkorb. Je weniger Sie erzählen, umso weniger können Sie falsch machen. Sollten Sie der deutschen Sprache nicht in dem gebotenen Maße mächtig sein, lassen Sie sich von einem Freund/Bekannten oder Ihrem Sachbearbeiter im Amt eine aussagekräftige, korrekte Anfrage formulieren.

Hier gebe ich einige Beispiele für sinnvolle und zielgerichtete Anfragentexte. Zeigen Sie diese Beispiele auch und besonders den Betreuern im Amt. Sie sollen Ihnen eine Anfrage entsprechend der Musterbeispiele formulieren, die Sie auf die Wohnung angepasst selbstständig abschicken können.

Sehr geehrter Herr Schmid, ich (angestellter Schlosser seit 8 Jahren) bitte um einen Besichtigungstermin für die 3-Zi.-Whg. in der Mustergasse. Einzugstermin 01.08.2015. Ich bin zeitlich flexibel, präferiere aber eine Besichtigung in den Abendstunden. Ich freue mich auf Ihre Antwort.

Sehr geehrte Frau Mustermann, wir (junges Paar, 28+22) interessieren uns für die 2-Zi.-Whg. Meine Freundin ist Auszubildende in einer Bank und ich studiere Jura, eine Elternbürgschaft ist vorhanden. Wir könnten sofort einziehen. Wir bitten Sie um eine Besichtigung. Wir sind 2 Personen, Nichtraucher und haben keine Haustiere. Mobilfunknummer: 0175-…

Wenn Sie gar nichts über sich preisgeben möchten, schreiben Sie:

Sehr geehrter Herr Makler, ich bitte Sie um einen Besichtigungstermin für die o. g. Wohnung. Ich bin zeitlich flexibel. Sie erreichen mich jederzeit via Mail oder auf meiner Mobilfunknummer 0175-…

Stellen Sie keine Fragen in den Textfeldern. Aus dem Exposé ist, gerade bei professionellen Anbietern, eine Menge zu erkennen, wenn sie es genau lesen. Wenn sich im Exposé keine Angabe findet, ob z. B. Haustiere in der Wohnung erlaubt sind, gehen Sie davon aus, dass diese nicht kategorisch verboten oder erlaubt sind. Wenn Sie Ihre Frage aber in den Anfragentext schreiben, laufen Sie Gefahr, dass Sie der Anbieter direkt aussortiert – insbesondere bei Immobilien, auf die eine Vielzahl von Anfragen eingehen. Klären Sie dies entweder in der Besichtigung oder in einem Telefonat. Zu der Frage, wie man sich im telefonischen Kontakt zum Anbieter richtig verhält, kommen wir jetzt.

RICHTIG TELEFONIEREN

Das Telefon ist das stärkste Instrument, um schnell und passgenau an eine neue Wohnung zu kommen. Wer am Telefon richtig auftritt, verbessert seine Chancen im „Wettstreit" um die heiß begehrte Immobilie erheblich. Allerdings hält der telefonische Erstkontakt auch zahlreiche Fettnäpfchen für Sie bereit. Deshalb sollten Sie wissen, wie Sie richtig mit dem Anbieter übers Telefon kommunizieren.

MODERNE KOMMUNIKATION

Die Menschheit ist in den vergangenen zehn Jahren schnell und effizient geworden. E-Mails laufen in Sekundenschnelle um den Erdball. Informationen, für deren Recherche Sie vor 20 Jahren einen Tag benötigten, sind heute nur einen Mausklick entfernt.
Das rasante Wachstum des Internets wirkt sich besonders auf unser privates Leben aus. Verliebte Pärchen besiegeln ihre neue Beziehung via Whatsapp, weniger verliebte trennen sich über dasselbe Medium.
Zur Geburtstagsparty lädt man über Facebook ein. Der gute Freund sendet Fotos aus dem Urlaub statt Postkarten. Wunderbare Welt: All dies kommt direkt aus Ihrer Hand. Ihr Smartphone überträgt Ihre politischen Ansichten, sozialen Beziehungen und Ihre Interessen in die Welt.

Nur noch selten wird das Smartphone tatsächlich zum Telefonieren genutzt – wenn überhaupt, dann, um einem Bekannten zuzurufen, dass man sich bei der Verabredung mit ihm um fünf Minuten verspäten wird... Was für ein Jammer! Denn die „Generation Whatsapp" hat niemals das richtige Guten-Tag-Sagen am Telefon gelernt und sogar die Älteren unter uns scheinen die Zeiten des „Fernsprechers" endgültig verdrängt zu haben.
Und trotzdem gilt: Wer anruft, hat die Nase vorn. Denn der persönliche Kontakt, sei es über die Stimme oder „in persona" wird mit zunehmender Informationsflut umso wichtiger. Einer anonymen E-Mail oder einer Whatsapp-Nachricht zu vertrauen, ist schwerer, als einer realen Person. Außerdem erhalten Sie die Information sofort statt zeitverzögert. Ich weiß und spüre täglich, dass Menschen ungern telefonieren. Je seltener Sie aber das Telefon nutzen, umso anstrengender wird es.

Vorab verinnerlichen Sie bitte die wichtigste Regel:

Melden Sie sich mit Ihrem Namen, wenn Sie ein Telefongespräch beginnen!

Der Anbieter kennt Sie nicht – und ist hoffentlich auch kein NSA-Spitzel, der Ihre Nummer sofort zuordnen kann. Er sieht also den Namen des Anrufers nicht im Display.

„Hallo" oder „Hallo, ich suche eine Wohnung" sind die denkbar schlechtesten Gesprächseinstiege für das Telefonat mit einem Anbieter, die Sie überhaupt wählen können. Ich betone dies derart deutlich, weil etwa 70 Prozent der Anrufe von Interessenten in meinem Büro genau so beginnen!

Stellen Sie sich dieses Verhalten in einer realen Face-to-face-Situation vor: Sie gehen durch das Wartezimmer ihres Hausarztes direkt in den Behandlungsraum, bauen sich vor seinem Schreibtisch auf und sagen ohne ihn zu grüßen: „Hallo, ich brauch eine Krankschreibung." Kommt super an, oder?

Ihr Auftreten am Telefon sendet Signale. Machen Sie sich die Wirkung auf einen Privatvermieter und/oder einen professionellen Immobilienanbieter bewusst, bevor Sie entscheiden, ob Sie zum Telefonhörer greifen.

Durch Ihre Sprachmuster senden Sie zwangsläufig eine Vielzahl an Informationen. Das Telefonat reduziert Ihre Person auf die Sprache. Sie haben keine Möglichkeit, durch ein gepflegtes Äußeres oder einen charmanten Augenaufschlag zu glänzen. Insbesondere professionelle Anbieter können schnell eine Vielzahl an Informationen aus Ihren Sprachmustern ableiten. Unabhängig von Ihren Fragen zur Immobilie, habe ich nach wenigen Sätzen folgende Informationen über den Anrufer herausgehört:

- Ihren Bildungsstand, sowie Ihren ungefähren Ausbildungshintergrund
- Ihr ungefähres Alter
- Eine grobe Indikation zu Ihrem sozialen Hintergrund

- Ihre eigene Meinung darüber, ob Sie die Wohnung bekommen werden
- Die Region, in der Sie aufgewachsen sind
- Ob Sie Raucher oder Nichtraucher sind
- Ihre aktuelle Stimmungslage
- Ihre Sympathie mir als Gesprächspartner gegenüber

Das Telefon bietet Ihnen die Möglichkeit, schnell und effizient Rahmenparameter und Fragen zu klären, die Sie aus der Anzeige nicht entnehmen konnten. Außerdem bekommen Sie mit geringem Aufwand ein Gefühl dafür, ob Sie Chancen haben, die Immobilie tatsächlich zu erhalten. Andererseits müssen Sie aber auch „Negativfeedback" ertragen können.

Bei Internetanzeigen haben Sie oft die Wahl: Sie können eine Anfrage senden oder zum Telefonhörer greifen. Telefonieren Sie immer dann, wenn Sie Ihre Position mit dem Telefonat verbessern können.

TELEFON ODER E-MAIL

Nur wenige Privatvermieter akzeptieren Arbeitslose als Mieter. Diese Vermieter zu finden, ist also Ihre vordringlichste Aufgabe, wenn Sie auf Arbeits- und Wohnungssuche sind.
Telefonieren Sie konsequent alle Anbieter ab, die Objekte in Ihrem Suchraster offerieren, erhöhen sich Ihre Chancen, zügig auf einen solchen zu stoßen. Allerdings werden Sie aber auch mehr Absagen erhalten, während Sie mit einer soliden Mail-Anfrage zumindest in die Besichtigung eingeladen worden wären.

Denn wie wir im Kapitel „Kontaktaufnahme übers Internet" besprochen haben, können Sie nämlich den Inhalt Ihrer Emailanfrage selbst strukturieren, während Sie am Telefon eventuell auf Fragen des Anbieters antworten müssen.
In der Besichtigung hätten Sie mit Ihrer Persönlichkeit überzeugen können.

Überlegen Sie sich also, welcher Weg für Sie der Richtige ist. Wollen Sie die schnelle Absage, dafür eine Vielzahl von Vermietern kontaktieren, dann nutzen Sie das Telefon. Denken Sie, dass Sie im persönlichen Gespräch den Vermieter für sich gewinnen können, dann nutzen Sie die (gut strukturierte) Email-Anfrage, die eher zu einer Einladung führt.

Keine Wahl haben Sie, wenn Sie auf Inserate in Tageszeitungen und Wochenblättchen reagieren. Hier müssen Sie telefonieren, um mit dem Anbieter in Kontakt zu treten. Es gilt: Jeder Anruf ist besser als kein Anruf, dies bedeutet nämlich: Chance verpasst.

Lesen Sie aufmerksam weiter, dann können Sie grobe Fehler vermeiden und Ihre Chancen verbessern.

Machen Sie sich den Grund Ihres Anrufes bewusst!

Bevor Sie wählen, sollten Sie sich über den Grund Ihres Anrufes im Klaren sein: Möchten Sie weitere Informationen über die Wohnung erhalten oder wollen Sie zum Besichtigungstermin eingeladen werden?

Grundsätzlich besteht ihr Ziel ja in der Anmietung einer Wohnung. Voraussetzung dafür ist die Einladung zum Besichtigungstermin. Deshalb sollten Sie die Einladung stets als übergeordnetes Ziel betrachten. Die Möglichkeit, später noch abzusagen, besteht schließlich immer. Allerdings sollten Sie dies dann rechtzeitig tun und nicht erst drei Minuten vor dem Termin.

Selbst wenn Sie bei der Intention Ihres Anrufes immer noch das Informationsbedürfnis an erste Stelle setzen, so sollten Sie dennoch darauf achten, sich durch Ihre Fragen die Einladung zum Termin nicht zu verbauen.

Ich bin immer wieder negativ erstaunt, wenn mich die Interessenten am Telefon nach der Höhe der Miete fragen. Wozu? Ein Interessent, der auf eine Anzeige reagiert und die Höhe der Miete erfragt, wirkt zwangsläufig unbeholfen. In beinahe jeder Anzeige finden Sie nämlich die Höhe der Kaltmiete und der Nebenkosten (von einigen wenigen Privatinseraten in den Wochenblättchen einmal abgesehen). Was also sagt diese Frage über Sie aus? Dass Sie schlecht informiert sind? Dass Sie nicht wissen, was Sie sonst fragen sollten? Dass Sie sich unwohl fühlen, weil Ihnen Small Talk einfach nicht liegt?

Nehmen Sie sich vor dem Telefonat Papier und Stift und notieren Sie Ihre Anliegen. Die Klärung wesentlicher Fragen signalisiert dem Vermieter Ihr ehrliches Interesse an der Immobilie und bedeutet für Sie umgekehrt mitunter Zeitersparnis. Denn das Telefonat spart Ihnen den Weg zur Immobilie, wenn das Objekt für Sie ohnehin nicht in Frage kommt. Achten Sie unbedingt darauf, keine Informationen abzufragen, die schon aus den Angaben ersichtlich sind.

Hier skizziere ich einen beispielhaften Gesprächsverlauf:

Klären: a) Gäste-WC vorhanden? b) Haustier (1 Mops) erlaubt ? >>> Besichtigungsterm n erbitten

Nun bauen wir hieraus einen „Telefonleitfaden", der Ihnen hilft, sicher durch das Telefongespräch zu kommen und die Situation jederzeit im Gri-f zu haben.

MUSTER-TELEFONLEITFADEN:

Guten Tag, mein Name ist Theodor Mustermann.
(kurze Pause)
Im Musterstadt-Wochenanzeiger (ggf. Datum nennen: vom letzten Donnerstag) haben Sie eine 2-Zimmer-Wohnung inseriert.

Antwort abwarten. Sie werden nun folgende Antworten bekommen:
a) „Ja, habe ich, wie kann ich Ihnen weiterhelfen?"
b) „Nein, da haben Sie sich verwählt."
c) „Ja, aber die Wohnung ist schon vergeben/fast vermietet."

Vermeiden Sie deshalb bitte die Frage: „Ist die Wohnung noch frei?" Etwa 95 Prozent der Interessenten stellen mir diese Frage, dabei ist sie völlig unnötig. Wenn die Wohnung nicht mehr vakant ist, wird Sie der Anbieter selbstständig darauf hinweisen. Die Frage bringt sie deshalb in die Standard-Schleife, die besonders

den privaten Vermieter nach dem siebzigsten Telefonat langweilt.

Fahren Sie wie folgt fort:
a) Zu dem Angebot habe ich eine Frage / Fragen.
b) Ich würde mir die Immobilie gerne ansehen / ich würde die Immobilie gerne besichtigen.

Falls Sie Fragen stellen, achten Sie darauf, dass diese bei der Wohnungswahl für Sie auch wirklich von entscheidender Bedeutung sind. Beantwortet der Vermieter Ihre Frage mit Nein, ist das Telefonat so gut wie beendet:

„Verfügt die Wohnung über ein Gäste-WC."
„Nein."
„Wann kann ich die Immobilie besichtigen?"
„Hä?"

Eine solche Gesprächsführung ergibt für beide Parteien keinen Sinn. Für Sie wäre es an dieser Stelle logisch, von dem Angebot Abstand zu nehmen. Wenn es für Sie gar nicht so entscheidend ist, ob es ein Gäste-WC gibt, dann fragen Sie nicht beim Erstkontakt danach, sondern warten Sie bis zur Wohnungsbesichtigung!

Im folgenden Schritt klären Sie Ihre Frage, ob Haustiere erlaubt sind. Gibt man Ihnen grünes Licht, dann fragen Sie direkt nach einem Besichtigungstermin.

„Wann kann ich die Wohnung besichtigen?"
Stellen Sie die Frage bitte offen. Auf: „Kann ich die Wohnung besichtigen?", könnte ein Anbieter schlicht

mit „Ja" antworten und Sie somit in der Konversation noch eine Extrarunde drehen lassen. Dies lässt Sie wenig souverän erscheinen – zumal Sie es selbst sind, die die Zügel des Gesprächs in der Hand halten möchten. Auf die offen gestellte Frage hin wird der Vermieter Ihnen nun einige Termine nennen oder Sie nach Ihrer zeitlichen Präferenz fragen.

Falls Sie noch keine Mobilfunknummer des Anbieters haben, bitten Sie jetzt um seine Handynummer und hinterlassen Sie ebenfalls die ihre. Ein Stau könnte Sie die Wohnung kosten, wenn Sie nur über die Festnetznummer des Anbieters verfügen und er vergeblich am Objekt auf Sie wartet.

Wiederholen Sie zum Abschluss des Gesprächs den Termin: „Sehr schön. Dann sehen wir uns am kommenden Dienstag, den 20.05. um 15:30 Uhr in der Mustergasse 55. Ich freue mich, auf Wiederhören!"

Warten Sie, bis der Vermieter eingehängt hat. Ein verfrühtes Wegklicken des Gesprächs hinterlässt einen unangenehmen Beigeschmack beim Anbieter.

Ich habe ja schon darauf hingewiesen, dass man wohlüberlegt vorgehen muss bei der Frage, welche Informationen man von sich selbst preisgibt. Gehören Sie jedoch zu den Typ-A-Mietinteressenten, so können Sie mit zusätzlichen Informationen durchaus punkten. Geben Sie bewusst Informationen preis, die beim Vermieter positiv ankommen, so können Sie sich dadurch richtig positionieren. Selbst wenn der Anbieter die Entscheidung für einen Mieter eigentlich schon getroffen hat, wird er den „angehenden Arzt mit der Freundin, die seit drei Jahren fest in einer Bank arbeitet" trotzdem noch in die Besichtigung mit aufnehmen. Insbesondere der Makler punktet beim Vermieter, wenn er mehrere Typ-A-Interessenten für das Objekt begeistern kann. Außerdem entscheiden sich immer wieder Interessenten doch noch gegen eine Wohnung, auch wenn der Mieter sich schon für sie entschieden hat, weil sie beispielsweise ein Objekt gefunden haben, das noch besser passt. Dann rutschen Sie auf Platz 1.

Streuen Sie Infos über Ihre Person aber nur ein, wenn sich unverfänglich im Telefonat die Möglichkeit dazu ergibt. Also nicht so: „Ach übrigens, was ich noch sagen wollte, wo wir grade beim Thema Wohnung sind, ich bin Vorstandsvorsitzende und mein Mann putzt gern …"

Typ-B- und Typ-C-Mietinteressenten sollten grundsätzlich nicht ungefragt aus dem Nähkästchen plaudern.

Achten Sie auf den Klang Ihrer Stimme!

Sie erhöhen Ihre Chancen deutlich, wenn der Anbieter Sympathie für Sie empfindet. Bevor nun alle notorischen Griesgrame die Nase rümpfen, hier die gute Nachricht: Auch weithin unsympathische Menschen können am Telefon sehr angenehm wirken, wenn sie vor und während des Telefonats „gut drauf" sind.

Sitzen Sie aufrecht beim Telefonieren und lächeln Sie.

Beides wirkt sich positiv auf Ihren Tonfall aus. Es kann sinnvoll sein, das Telefon nur zu benutzen, wenn Sie gerade sowieso in einer positiven Grundstimmung sind. Die Funkstille nach dem Ehestreit eignet sich nicht dazu! Wenn Sie mehr darüber erfahren möchten, wie Sie ihre Wirkung am Telefon verbessern, empfehle ich Ihnen den kleinen Ratgeber von Tim Taxis *Heiß auf Kaltakquise in 45 Minuten*. Auch wenn das Buch sich in erster Linie an Verkäufer richtet, kann es bei der Wohnungssuche sehr hilfreich sein.

Keine Hintergrundgeräusche!

Ihr frisch geschlüpfter Säugling quakt gerne mal ins Telefon oder fängt plötzlich an zu weinen, wenn Sie telefonieren? Nutzen Sie die Schlafenszeit des Kleinen zum Telefonieren! Professionelle Anbieter erleben es leider nur zu oft, dass Eltern anrufen, aber nur mit halbem Ohr bei der Sache sind. Manchmal höre ich nach dem Abheben des Telefons zunächst nur angenehmes Babygebrabbel. Dann die Stimme der Anruferin, doch sie spricht gar nicht mit mir: „Schakkeline, wein doch leise! ..." - erst dann wendet sie sich an mich.

Mancher Interessent führt Telefonate mit Immobilienanbietern auch gerne mal direkt neben der Autobahnbrücke oder auf dem Münchner Hauptbahnhof. Manche tun das vielleicht sogar mit Bedacht: Sie wollen beschäftigt, gefragt, weltmännisch wirken, wenn sie sich mitten im Gewimmel der Stadt zeigen. Doch Achtung, ein solcher Selbstdarstellungsversuch kann leicht nach hinten losgehen: Vielleicht fragt sich der Anbieter, ob Sie schon auf der Straße sitzen?

Auch das Meeresrauschen aus der Dose oder die klassische Musik senkt Ihre Chancen, einen guten Eindruck zu machen, denn Hintergrundgeräusche lenken vom eigentlichen Grund Ihres Anrufes ab. Achten Sie deshalb darauf, dass keine Störgeräusche auftreten. Der Angerufene darf erwarten, dass Sie ihm Ihre ungeteilte Aufmerksamkeit entgegenbringen.

Telefonieren Sie in einem ruhigen Raum, schließen Sie Türen und Fenster und achten Sie darauf, dass Sie für die drei Minuten Ihres Anrufs niemand stört.

Rückfragen des Anbieters

Bei erfahrenen Anbietern können sich im Gespräch Rückfragen zu Ihrer Person oder Ihrem Beschäftigungsverhältnis ergeben. Hier sondiert der Anbieter, ob sich eine Besichtigung mit dem Interessenten für ihn lohnt – und zwar im Umkehrschluss: Er prüft zunächst, ob er Sie als Mieter ausschließen kann. Wenn Sie nicht in sein Suchmuster passen, investiert er keine Ressourcen in eine Besichtigung (Arbeitszeit/Anfahrt/Freizeit bei Privatvermietern).

Als Entscheidungshilfe könnte Ihnen der Vermieter Fragen stellen zu:

- dem gewünschten Einzugstermin: Ab wann wollen Sie die Wohnung anmieten?
- Ihrem Arbeitsplatz: Was für einer Beschäftigung gehen Sie nach?/Was für einen Job haben Sie? Besteht eine Probezeit? Wie hoch ist Ihr Einkommen?
- Ihrem Umzugsgrund: Warum ziehen Sie um?

Weiterhin wird er um folgende Informationen bitten:

- Von wie vielen Personen soll die Wohnung bewohnt werden? / Mit wie vielen Personen ziehen Sie um?
- Haben Sie Haustiere?

Sie erkennen, die Fragen ähneln Ihrer Selbstanalyse im ersten Teil des Buches. Wenn Sie diese „Hausaufgaben“ also gemacht haben, bringt Sie keine Rückfrage aus dem Konzept.

Insbesondere Privatvermieter, die sich mit der Rechtslage nicht auskennen, stellen punktuell Fragen, die ein Vermieter gar nicht stellen darf. Der Vermieter darf Sie zum Beispiel nicht fragen:

- welcher Religion Sie angehören
- welche Staatsangehörigkeit Sie haben
- ob Sie Kinder planen
- ob Sie Vorstrafen haben

Im Übrigen ist auch die Frage nach dem Umzugsgrund juristisch bedenklich, obwohl sie erfahrungsgemäß zu den Standardfragen gehört, die für jeden Vermieter naheliegend sind. Überlegen Sie sich also im Vorfeld, wie Sie mit den jeweiligen Fragen umgehen möchten.

Lassen Sie keinen „Pseudo-Makler" für sich telefonieren.

Mancher Mietinteressent, der sich nicht traut, selbst den Hörer von der Gabel zu nehmen, schickt gerne einen „Vertreter", oder wie ich sie nenne, einen Pseudo-Makler. Mein Ratschlag: Tun Sie es nicht. Normalerweise kann der Pseudo-Makler nämlich auch nicht telefonieren. Weiterhin drängt sich beim Anbieter unwillkürlich die Frage auf: „Wieso ruft mich der Interessent nicht selbst an?" Er wird misstrauisch – und ein misstrauischer Anbieter wählt einen anderen Interessenten.

Wenn Sie sich wirklich bei der Wohnungssuche vertreten lassen möchten, dann wählen Sie einen professionellen Makler, der Suchaufträge von Interessenten bearbeitet (Es könnte jedoch schwierig werden, nach Einführung des Bestellerprinzips einen Vermittler zu finden, der Such-kunden betreut). Im Übrigen kann Ihnen Ihr Pseudo-Makler ruhig beim Verfassen der Anfragentexte oder beim Heraussuchen der Anzeigen helfen. Nur das Telefonieren sollten Sie selbst übernehmen oder sich direkt gegen das Telefon als Medium des Erstkontakts entscheiden.

Die „richtige Leitung" wählen

Die Wahl der Telefonleitung tritt mit zunehmender Digitalisierung in den Hintergrund. Viele Privatpersonen verfügen gar nicht mehr über einen Festnetzanschluss, sondern telefonieren ausschließlich mit dem Handy. Umso positiver fallen Sie auf, wenn Sie wichtige Telefonate vom Festnetztelefon aus führen. Warum?

Zunächst suggeriert das Festnetz ein gewisses Maß an Kontinuität. Wenn Sie ständig umziehen, ist die Wahrscheinlichkeit, dass Sie eine Festnetzleitung besitzen, geringer. Auch erhöhen Sie Ihre Chance auf einen schnellen Rückruf, besonders bei Maklern. Dies hat den Grund, dass die meisten Vermieter und Verkäufer über das Festnetz telefonieren, was wiederum nicht zuletzt in deren Alter begründet liegt. Und der Makler ruft zunächst die für ihn wichtigeren Nummern zurück.

Wenn Sie über eine Festnetzleitung verfügen, nutzen Sie diese zur Wohnungssuche.

Aber beantragen Sie jetzt bitte nicht aufgrund dieses Abschnittes bei der Telekom extra einen Festnetzanschluss! Die meisten meiner Interessenten treten mit mir über das Mobiltelefon in Kontakt und bekommen dennoch Wohnungen.

Ein Anruf mit unterdrückter Nummer hinterlässt in der

Wichtig: Rufen Sie keinesfalls mit unterdrückter Nummer an.

heutigen Zeit immer einen merkwürdigen Eindruck. Der Anbieter ist schon irritiert, wenn er ans Telefon geht – keine guten Voraussetzungen für ein gelungenes Gespräch.

KAPITEL VIER

DER BESICHTIGUNGSTERMIN

Sie haben es in die Besichtigung geschafft. Das bedeutet, Sie haben bisher alles richtig gemacht. Wenn Sie den Ratgeber bis hierher gelesen haben, wissen Sie, dass die Wohnungssuche nicht allein aus dem Besichtigen von Immobilien besteht – auch wenn Ihnen *mieten – kaufen – wohnen* auf VOX werktäglich genau das suggerieren möchte.

Die Besichtigung ist dennoch das Kernelement der Wohnungssuche. Aber ihre Funktion geht weit über das „Immobiliengucken" für Mietinteressenten hinaus. Natürlich erhalten Sie in der Besichtigung die Möglichkeit, sich ein reales Bild von der Immobilie zu machen. Im Gegenzug ist es für die Anbieter aber auch die perfekte Gelegenheit, Sie als potenziellen Mieter kennenzulernen. Während einem Verkäufer Ihre Persönlichkeit relativ egal ist, solange Sie die nötigen finanziellen Mittel mitbringen, um sein Eigentum zu erwerben, geht der Vermieter mit Ihnen eine langfristige Geschäftsbeziehung ein. Deshalb ist jeder Eigentümer gut beraten, einen Mietinteressenten kritisch zu prüfen. Die mieterfreundliche deutsche Rechtsprechung macht es für den Eigentümer nahezu unmöglich, seine Entscheidung nachträglich zu korrigieren, solange Sie sich an die gesetzlichen Spielregeln halten. Während Sie dies tun, steht Ihnen als Mieter dennoch eine riesige Bandbreite an Möglichkeiten zur Verfügung, dem Vermieter das Leben während Ihres Mietverhältnisses zur Hölle zu machen. Wenn Sie Ihren Vermieter loswerden möchten, geht das vergleichsweise leicht: In Standardmietverträgen verfügen Sie nach der Unterschrift über eine Kündigungsfrist von drei Monaten – sofern Sie keinen zeitlich befristeten Kündigungsverzicht[1] vereinbart haben … Sie sehen

1) Ein zeitlich befristeter Kündigungsverzicht kann maximal für die Dauer von 48 Monaten ab Vertragsabschluss vereinbart werden.

also, warum ein Vermieter recht daran tut, den Spruch „Drum prüfe, wer sich ewig bindet, ob sich nicht noch was Bessres findet" zu beherzigen.

In diesem Kapitel zeige ich Ihnen, wie Sie richtig mit der „Bewerbungssituation" umgehen und gleichzeitig entscheidende Informationen über die Immobilie und den Anbieter erhalten.

DIE „TRAUMWOHNUNG" ERKENNEN

Sie können sicher sein, dass Sie sich bei fair gepreisten Immobilien in Citylagen gegen einige andere Interessenten durchsetzen müssen. Deshalb sollten Sie möglichst schnell zu einer validen Entscheidung gelangen: Möchten Sie die angefragte Wohnung tatsächlich mieten? Bestenfalls wissen Sie schon in der Besichtigung, dass Sie das Objekt anmieten möchten. Dann können Sie direkt verbindlich auftreten und den Anbieter/Vermieter entsprechend beeinflussen.

Bereiten Sie sich auf den Besichtigungstermin vor, um Ihre Mitbewerber im Termin auszustechen.

Die richtige Vorbereitung erleichtert die präzise Entscheidungsfindung. Klären Sie deshalb sämtliche Detailfragen zur Lage des Objekts schon im Vorfeld ab. Sie brauchen keinen Makler oder Vermieter, um herauszufinden, wo der nächste Bahnhof oder der nächste Supermarkt ist, wie Sie von der Wohnung aus am schnellsten zu Ihrem Arbeitsplatz gelangen. Sie können auch selbst klären ob sich Störfaktoren, z.B. eine Gerberei, eine Disco oder eine Drogenberatungsstelle in nächster Nähe befinden. Google hilft. Checken Sie vor dem Termin die Lage auch vor Ort, laufen Sie das Viertel ab und verschaffen Sie sich einen persönlichen Eindruck. Aus dem Exposé kennen Sie bereits sämtliche Rahmenparameter: Sie wissen, wie hoch die Kaltmiete ist und wie hoch die Umlagen sind. Sie kennen mindestens die Grundzüge der Ausstattung (Einbauküche, Balkon, Keller). Gerne wird übrigens der Standort der Waschmaschine übersehen und taucht weder in den Exposés der Anbieter noch in den Fragen der Besichtigenden auf.

Da Sie den Anfang dieses Ratgebers verinnerlicht haben, wissen Sie genau, was Sie von einer Immobilie erwarten. Ihre Engpasskriterien sind alle erfüllt, sonst hätten Sie die Immobilie gar nicht erst angefragt.

Bei der Besichtigung müssen Sie nun nur noch klären, ob Ihr bisheriger Eindruck bestätigt wird und Sie in genau dieser Immobilie Ihr neues Zuhause sehen. Und das geht schneller, als Sie denken. Nach meiner Erfahrung ist das Bauchgefühl ein hervorragender Ratgeber. Die meisten Interessenten, die ich begleitet habe, wussten nach einem ausführlichen Rundgang durch die Immobilie, ob Sie sich hier wohlfühlen. Bleiben Sie ehrlich gegenüber sich selbst und hören Sie auf Ihr Bauchgefühl. Alle rationalen Parameter haben Sie ja im Vorfeld bereits geklärt.

Wenn Sie so vorgehen und – insbesondere in einer Sammelbesichtigung – nun andere Interessenten beobachten, werden Sie erkennen, dass Sie zu einer absoluten Minderheit gehören. Die meisten Mietinteressenten (ich vermute, rund 90 %) haben schlicht keine Ahnung, wonach sie eigentlich suchen, wenn sie in die Besichtigung gehen. Dementsprechend orientierungslos verhalten sie sich.

Sie irren geradezu durch die leeren Räumlichkeiten. Eine Chance auf einen Mietvertrag haben diese verirrten Schafe kaum – zumal ihre Bewerbung häufig ohnehin erst vier Tage nach der Deadline eingeht und überdies noch unvollständig ist. Doch halt – ein Hoffnungsfünkchen gibt es selbst für die Planlosen: Wenn sie Typ-A-Mietinteressenten sind und dem Vermieter einen Leerstand ersparen, können auch sie noch zum Zug kommen.

DEN VERMIETER EINSCHÄTZEN LERNEN

Wenn Sie sicher sind, dass dies „Ihre Wohnung" ist, wenn Sie sich wohlfühlen und sich vorstellen können, hier die nächsten Jahre zu leben, dann hat die Besichtigung Ihre Erwartungen bestätigt. Der Mietpreis ist in Relation zur Lage, Größe und Ausstattung des Objekts für Sie persönlich akzeptabel. Einen wesentlichen Faktor sollten Sie jetzt noch berücksichtigen: den Vermieter. Ihn können Sie erst in der Besichtigung kennenlernen und mit ihm werden Sie immer wieder zusammenarbeiten müssen. So wie der Vermieter die Besichtigung dazu nutzt, um Sie als Mieter einschätzen zu können, so sollten Sie sich Ihrerseits auch ein Bild vom Vermieter machen. Nur wenn Wohnungsgesellschaften Immobilien zur Miete anbieten, können Sie sich auch darüber schon im Vorfeld im Internet informieren. Hier finden Sie grundsätzlich Bewertungen oder sogar Kommentare in Foren, aus denen Sie wertvolle Rückschlüsse ziehen können.

Für den potenziellen Mieter ideal sind also Besichtigungen, die vom Vermieter selbst durchgeführt werden. Stellen Sie ihm einige unverfängliche Fragen, die wie

Small Talk wirken. Vermietet er nur dieses Objekt oder verfügt er über weiteren Immobilienbesitz? Gehört ihm eine Wohnung, ein Haus oder nennt er eher 30 Häuser und 500 Wohnungen sein eigen? Je größer sein Bestand ist, also je mehr Einheiten er besitzt, umso professioneller muss er arbeiten, um nicht im Chaos aus vielen Reparaturen, Mieteranliegen und Mieterwechseln zu versinken.

Erstellt er die Nebenkostenabrechnungen selbst oder hat er dazu einen Verwalter zwischengeschaltet? Kümmert dieser sich auch um eventuelle Reparaturen? Achten Sie unbedingt darauf, dass Ihr Gespräch die angenehme „Smalltalk-Atmosphäre" nicht verliert, Sie wollen den Vermieter ja nicht in die Enge treiben. Falls Sie die Wohnung mieten möchten, fragen Sie eher weniger, als mehr.

Oft sagen Bilder bzw. visuelle Eindrücke sowieso mehr als viele Worte: Beobachten Sie, wie strukturiert der Vermieter in der Besichtigung vorgeht und wie er sich präsentiert. Wirkt er ausgeglichen oder eher hektisch und unorganisiert? Achten Sie auch auf die äußere Erscheinung des Vermieters. Mir fällt auf, dass sich der Zustand der Immobilien vielfach am „Zustand des Vermieters" spiegelt. Oder würden Sie einem Vermieter, der mit schmutziger Kleidung und Alkoholfahne zur Besichtigung erscheint, zutrauen, seine Immobilie in Schuss zu halten und für die Mieter zu sorgen? Ihr Vorteil ist, dass sich ein Vermieter in der Besichtigung stets sicher fühlt: Er spielt auf „heimischem Terrain". Insofern wird er sich kaum verstellen.

Vorsicht sollten Sie allerdings an den Tag legen, wenn ein Vermieter Ihnen auffällig freundlich, ja geradezu kumpelhaft gegenübertritt. Lassen Sie sich nicht „einlullen". Es könnte sein, dass der Vermieter über Unzulänglich-

keiten hinwegtäuschen möchte. Die Mieter-Vermieter-Beziehung ist in erster Linie eine Geschäftsbeziehung, keine Freundschaft. Für die gezahlte Miete möchten Sie keinen neuen Freund, sondern einen funktionierenden Kühlschrank.

Wie aber gehen Sie vor, wenn Sie den Vermieter bei der Besichtigung gar nicht selbst antreffen, weil ein Makler oder Verwalter zwischengeschaltet ist? Hier bleibt Ihnen nichts anderes übrig, als vom Zustand der Immobilie aus Rückschlüsse zu ziehen. Keine Sorge: Auch hier ist Ihr Bauchgefühl in den allermeisten Fällen ein guter Ratgeber. Welchen Eindruck spiegeln die Fassade des Hauses, die Fenster, das Treppenhaus, der Keller? Wann wurde die letzte Sanierung vorgenommen? Ist das Objekt gepflegt, wurde es „mit Liebe" behandelt? Oder wirkt die Immobilie trotz ihrer guten Lage, als wäre dem Vermieter jeder Aufwand zu viel? Wie wirken Bereiche, die von der Allgemeinheit schlecht einsehbar sind, also der Hinterhof oder der Garten? Manch ein Vermieter hat Immobilienbestände geerbt und ist nun mit der Verwaltung der selbigen überfordert oder genervt. Das spürt man dem Objekt häufig ab.

Der Makler wird Ihnen vermutlich keine oder nur halb objektive Informationen über den Vermieter liefern – schließlich würde er den Ast absägen, auf dem er sitzt, wenn er Zweifel an dessen Person streute. Allerdings können Sie bis zu einem gewissen Grad vom seiner Person aus Rückschlüsse auf den Vermieter ziehen. Denn auch Vermittler und Vermieter arbeiten langfristig zusammen und das funktioniert nur, wenn das Werteverhältnis von beiden annähernd identisch ist.

Mein Vermieter-Kundenstamm teilt im Regelfall meine Vorstellungen von einem ordnungsgemäßen Verhältnis und einem korrekten Umgehen mit den Mietern. Manch ein Vermieter setzt jedoch andere Schwerpunkte als ich. Er wird sich dann wohl einen Makler suchen, der diese besser abbildet. Engagiert der Vermieter also einen unseriösen oder schlecht qualifizierten Makler, können Sie davon ausgehen, dass seine Vorstellungen von einem Mietverhältnis entsprechend gestrickt sind.

Im Regelfall ergibt sich aus den Gesprächen in der Besichtigung und dem Zustand der Immobilie ein relativ valides Gesamtbild. Weitere und überaus verbindliche Informationen erhalten Sie übrigens, wenn Sie am Tag nach der Besichtigung einmal bei den Nachbarn klingeln. Manchmal, sehr zum Missfallen des Maklers, treffen Sie in der Wohnung während der Besichtigung auch einen Vormieter an. Der Makler wird grundsätzlich versuchen, Sie als Interessent so schnell wie möglich von diesem zu trennen, weil dessen Verhalten nicht steuerbar ist. Sie haben also wenig Zeit. Stellen Sie deshalb nur eine Frage: „Würden Sie hier wieder einziehen?" Achten Sie auf die non-verbalen Signale des Vormieters. Beachten Sie aber auch, dass Sie sich mit einem allzu forschen Zugehen auf den bisherigen Mieter beim Makler unbeliebt machen und das wiederum könnte sich nachteilig für Sie auswirken.

DIE POLE-POSITION AUF DER INTERESSENTENLISTE EINNEHMEN

Im Idealfall gelangen Sie schon während der Besichtigung zu der Erkenntnis, dass Sie die Wohnung mieten möchten. Jetzt sollten Sie genau zuhören, was der Anbieter Ihnen zu sagen hat. Bekunden Sie Ihr Interesse und klären Sie die nächsten Schritte. Zum Beispiel so: „Wir möchten die Wohnung gern mieten, wie müssen wir jetzt vorgehen?" Ihre Herausforderung besteht nun darin, den vom Anbieter festgelegten Auswahlprozess zu verstehen und diesen möglichst reibungslos zu durchlaufen. Dabei liegen Sie im Wettstreit mit anderen Interessenten!

Wollen Sie die Wohnung anmieten? Dann machen Sie dem Anbieter so wenig Arbeit wie möglich!

Nun gilt es, dem Vermieter das Lebens so leicht wie möglich zu machen. Auch wenn es für Sie als aufmerksamen Leser wie eine Wiederholung klingen mag, auch bei der Besichtigung gilt: Je mehr Extrawünsche Sie formulieren, umso geringer werden Ihre Chancen, die Wohnung zu erhalten. Natürlich sollten Sie die notwendigen Rahmenparameter klären. Verzichten Sie aber auf unnötige Fragen, die mit „Könnten Sie ...?", „Hätten Sie ...?" oder „Würden Sie ...?" anfangen und mit denen Sie den Vermieter um einen Gefallen nach dem anderen bitten.

Es existieren tatsächlich Mietinteressenten, die vor der Mietentscheidung und dem Vertragsabschluss Einsicht in die Bauakte des Objekts nehmen möchten ... Grundsätzlich ist an diesem Wunsch nichts auszusetzen, doch bedenken Sie: Sobald es einen Mitbewerber gibt, der ähnlich geeignet ist wie Ersterer und nicht nach der Bauakte fragt, wird der Vermieter vermutlich auf diesen ausweichen.

Und das ist nur zu verständlich, denn die zusätzliche Arbeit bekommt er nicht vergütet. Außerdem schwant ihm Böses, wenn ein Kandidat sich bereits während der Vertragsanbahnung als kompliziert erweist.

Machen Sie sich passend!

Nur wenn Sie zuhören, können Sie einschätzen, was der Anbieter von Ihnen möchte. Versuchen Sie, dies möglich zu machen, wenn Sie wollen, dass sich der Vermieter für Sie entscheidet.

Elementare Kriterien für die Mieterauswahl im Besichtigungstermin sind:

- Persönliche Sympathie
- Bonität, Art und bereits erfolgte Zeit des Beschäftigungsverhältnisses
- Einzugstermin (je geringer der Leerstand, umso besser für den Vermieter)
- Raucher/Nichtraucher
- Familienstand/einziehende Personen

Auswahlprozess

Seien Sie vorbereitet, aber halten Sie sich an die Vorgaben des Anbieters.

Die Mieterauswahl kann sehr einfach oder auch relativ kompliziert ablaufen. Als ich einen Suchkunden betreute, stieß ich einmal auf eine Privatvermieterin, die einen Mietvertrag in der Tasche hatte und meinen Kunden direkt unterschreiben ließ – seine Unterlagen würdigte sie keines müden Blickes. Üblich ist jedoch, dass der Vermieter/ Anbieter Ihre Unterlagen anfordert.

Ich selbst habe die Erfahrung gemacht, dass sich Mietinteressenten über Nacht gerne noch einmal anders entscheiden. Aus diesem Grund nehme ich in meinen Besichtigungen grundsätzlich keine Unterlagen an, sondern bitte den Interessenten, die Dokumente am Folgetag einzureichen.

Ich habe aber auch schon mit Vermietern zusammengearbeitet, die ein direktes Einreichen einer „Bewerbungsmappe" vor Ort sehr schätzten. Es kann daher nicht schaden, sämtliche Unterlagen schon sauber zusammengefasst beim Besichtigungstermin in der Tasche zu haben.

Die Bewerbungsmappe

Eine aussagekräftige Bewerbungsmappe erhält folgende Dokumente:

- **Kopien Ihres Personalausweises oder Reisepasses**
  Diese werden benötigt, um Ihre Identität zu verifizieren und um den Mietvertrag zu erstellen.

- **Aktuelle Einkommensnachweise**
  Gehaltsnachweise oder Lohnabrechnungen liefern Informationen über das Nettoeinkommen von Angestellten und somit über Ihre Bonität. Bei Freiberuflern können die Gehaltsnachweise bspw. durch eine betriebswirtschaftliche Auswertung des Steuerberaters ersetzt werden. Zwei bis drei aktuelle Nachweise sind absolut ausreichend.

- **Aktuelle Schufa-Auskunft**
  Die Schufa-Auskunft können Sie online beantragen und sofort einsehen. Eine ausführliche Auskunft

erhalten Sie dann auf dem Postweg. In der Regel interessiert sich der Anbieter weniger für den Scoring-Wert, sondern möchte lediglich den Satz „Es liegen ausschließlich positive Vertragsinformationen vor" lesen.

- **Mieterselbstauskunft**
  Die Mieterselbstauskunft ist das zentrale Dokument der Bewerberauswahl. Meistens haben Vermieter oder Makler individuelle Selbstauskunftsbögen. Wie ein solcher Bogen bei mir aussieht, sehen Sie auf der folgenden Seite. Auch wenn Sie vom Anbieter einen neuen Bogen erhalten, macht es dennoch einen guten Eindruck, wenn Sie diesen hier bereits ausgefüllt mitbringen. Wünscht der Vermieter, dass Sie Ihre Unterlagen gleich abgeben, können Sie ihm eine vollständige Mappe übergeben.

RICHTIGES AUFTRETEN IN DER BESICHTIGUNG

Insbesondere Typ-B- und Typ-C-Mietinteressenten sollte freuen, dass persönliche Sympathie für Privatvermieter das wichtigste Auswahlkriterium darstellt. Für gewerbliche Anbieter ist das Auftreten des Interessenten zumindest gleichwertig mit dessen Bonität. Da sich nicht jeder Mensch mit allen anderen Menschen gleich gut versteht, folgt die Vergabeentscheidung keinem festen Schema, sondern ist ein flexibler Prozess. Dennoch gibt es beim Auftreten und bei der persönlichen Interaktion mit dem Anbieter während der Besichtigung zahlreiche Möglichkeiten, um zu punkten, aber auch viele Fettnäpfchen, in die Sie treten

Mieter-Selbstauskunft

Adresse der Immobilie und Lage im Haus

gewünschter Einzugstermin:

Mietinteressent
Vorname, Nachname, Geburtsdatum

Anschrift
(Adresse, PLZ, Ort)

Kontaktdaten Email-Adresse | Mobilfunk-Nummer

Ausgeübter Beruf selbständig ☐ angestellt ☐

Arbeitgeber, Beschäftigungsort

beschäftigt seit:

Gesamteinkommen nach Steuern inkl. Beihilfen, Rente, Kindergeld:

Mitmieter / Ehegatte
Vorname, Nachname, Geburtsdatum

Anschrift:
(Adresse, PLZ, Ort)

Kontaktdaten Email-Adresse | Mobilfunk-Nummer

Ausgeübter Beruf selbständig ☐ angestellt ☐

Arbeitgeber, Beschäftigungsort

beschäftigt seit:

Einkommen / Monat (netto - nach Steuern) inkl. Beihilfen, Rente, Kindergeld:

Die Immobilie soll von ☐ Person(en) bewohnt werden.

Haustiere

Weitere Personen im Haushalt: (Name, Alter, Verwandschaftsverhältnis)

Weitere für das Mietverhältnis relevante Angaben (Spielen von Musikinstrumten, usw.)

Ich/ wir bestätigen, dass sämtliche oben getroffene Angaben der Wahrheit entsprechen. In den vergangenen fünf Jahren ist weder ein Insolvenz- noch ein Vergleichsverfahren über mein/ unser Vermögen eröffnet oder die Eröffnung des Verfahrens mangels Masse abgewiesen worden. Eine eidesstattliche Versicherung über mein/ unsere Vermögens-verhältnisse wurde in den vergangenen fünf Jahren nicht abgegeben. Über mein/ unsere Vermögensverhältnisse ist weiterhin kein Haftbefehl zur Erzwingung einer eidesstattlichen Versicherung ergangen.

Ferner sind entsprechende Verfahren derzeit nicht anhängig.

Die Selbstauskunft dient als Entscheidungs-grundlage für den Vermieter, sowie als Vorlage zur Erstellung eines Mietvertrages.
Die *Nitzsche worldwide GmbH* erklärt, Ihre Daten ausschließlich an den Vermieter weiterzuleiten und diese nach maximal 180 Tagen zu löschen, sofern kein Mietverhältnis zustande kommt.

Ort, Datum, Unterschrift Mieter

Ort, Datum, Unterschrift Mitmieter/Ehegatte

können. Das Gesamtbild, das Sie abliefern, positioniert Sie im Ranking mit allen anderen Interessenten.

Dresscode & Aussehen: „Faken" Sie nicht Ihre äußere Erscheinung

Wohnungsbesichtigungen sind semi-formell. Obgleich Sie sich für die Wohnung „bewerben", ist die Besichtigung kein Jobinterview. Eine bestimmte Kleiderordnung existiert nicht. Der Anbieter wird weniger auf die Auswahl Ihrer Kleidung achten als darauf, ob sie ein schlüssiges und vertrauenswürdiges Gesamtbild zeigen.

Wenn Sie niemals Anzug oder Kostüm tragen, dann fangen Sie nicht bei der Wohnungsbesichtigung damit an. Zunächst registriert der Anbieter, wie selbstverständlich Sie in Ihrer Kleidung unterwegs sind. Mit Ihrem seit zehn Jahren unbenutzten „Konfirmandenanzug" werden Sie beim Vermieter eher Irritation auslösen. Wenn Sie Ihn mit der Wahl Ihrer Kleidung gar auf die falsche Fährte locken, haben Sie Ihre Chancen vermutlich verspielt. Stellen Sie sich vor, sie treten beim Besichtigungstermin im Businessanzug und mit rahmengenähten Schuhen auf und der Vermieter entnimmt Ihrer Selbstauskunft, dass Sie als Förster arbeiten?

Kommen Sie gerade von der Arbeit? Arbeitskleidung ist immer in Ordnung, solange Sie Ihre Umgebung nicht „verdrecken", beispielsweise mit den Überresten des auf der nahen Bundesstraße überfahrenen Rehs, das sie kurz zuvor in Ihrem Forstbezirk noch entsorgen mussten.

Insbesondere an den Wochenenden ist auch Freizeitkleidung erlaubt. Negativausreißer in den zu legeren bzw. sportlichen Bereich sind dennoch zu vermeiden. Karl Lagerfeld sagte einmal: „Wer eine Jogginghose trägt, hat die Kontrolle über sein Leben verloren." Nun

ist es vermutlich nicht Karl Lagerfeld, von dem Sie mieten, aber auch ich kann mich nicht erinnern, dass ich einem meiner Vermieter je einen Jogginghosenträger empfohlen hätte.

Achten Sie auf Hände und Schuhe!

Ich hatte einmal einen Vermieter, der einmal eine junge Dame mit Pfennigabsätzen ablehnte, weil er Angst um den Zustand seines Parketts hatte. Sie war tatsächlich recht achtlos durchs Wohnzimmer geschlurft. Die Frage „Soll ich die Schuhe ausziehen?" hätte ihr eventuell die Traumwohnung gebracht. Auch in Wohnungen mit Laminatboden oder Fliesen ist ein Blick auf Schuhe und Hände des Bewerbers für Anbieter obligatorisch. Hier erkennt man schnell, wie gepflegt die Person ist, die gerade vor einem steht. Natürlich müssen Sie nicht die teuersten Schuhe oder manikürte Nägel haben. Es ist aber ein Gebot der Höflichkeit, die Wohnung mit sauberen Schuhen zu betreten und beim Berühren der Oberflächen keine klebrigen Abdrücke zu hinterlassen.

Benehmen: Begegnen Sie Ihren Mitmenschen mit Offenheit und Respekt

Ein herzliches, offenes Auftreten ist viel wichtiger, als jede Knigge-Regel im Einzelnen zu kennen. Kommunizieren Sie mit dem Vermieter/Anbieter auf Augenhöhe. Bevor Sie über Formulierungen nachdenken, sollten Sie hierfür zunächst Ihre Einstellung überdenken. Wussten Sie, dass ein großer Anteil der Kommunikation non-verbal erfolgt?

Wenn ich Ihnen gegenüberstehe und Sie sich denken „Dieser blöde Makler will mich bestimmt über den Tisch ziehen", dann werden Sie dies auch ausstrahlen – es sei denn, Sie haben Schauspiel studiert und sind meisterlich in der Verstellung. Selbst wenn Sie sich also freundlich geben, werde ich Ihre Abneigung wahrscheinlich instinktiv wahrnehmen. Es entsteht der Eindruck, dass „die Chemie irgendwie nicht stimmt". Dies ist übrigens der Grund, warum an Tagen, an denen wir sowieso schon schlechte Laune haben, prinzipiell auch noch alles Mögliche schiefgeht – die Umwelt reagiert auf unser Befinden! Ohne Ihnen Böses zu wollen, wird der „blöde Makler" eher Probleme im Mietverhältnis unterstellen und eventuell die Selbstauskunft des anderen Bewerbers mit vergleichbarer Bonität auf dem Stapel ganz oben platzieren.

Betrachten Sie den Anbieter deshalb zunächst als Mensch… und ja: auch Wohnungsmakler sind Menschen! Viele von uns sind noch nicht einmal so schlecht, gierig und faul, wie Ihnen die Medien suggerieren. Wenn die Sympathie stimmt, bekommen Sie zudem weitaus detailliertere Informationen über die Immobilie, weil sich der Anbieter gerne mit Ihnen unterhält. So steigern Sie ganz automatisch Ihre Chancen, den Mietvertrag für die Traumwohnung zu erhalten.

Achten Sie weiterhin darauf, wie Sie Ihre Statussymbole präsentieren. Ich wundere mich hin und wieder, wenn sich Mietinteressenten eine Zwei-Zimmer-Wohnung zur Miete ansehen, aber mit dem Maserati vorfahren und eine Rolex Submariner am Handgelenk tragen…

Was für den Umgang mit dem Anbieter gilt, gilt auch für dessen Eigentum: Behandeln Sie die Immobilie und deren Inventar in der Besichtigung bitte pfleglich. Die oben erwähnten Pfennigabsätze sind ein Beispiel für ein Fehlverhalten des Interessenten, das Sie schnell ins Aus katapultieren kann. Jeder Vermieter versteht, dass Sie das Fenster einmal selbst öffnen möchten. Negative Gefühle weckt es dagegen, wenn Sie den Fenstergriff wie ein Wilder herunterreißen, eine Tür so öffnen, dass sie an die dahinterliegende Wand knallt oder den Toilettendeckel achtlos herunterklatschen, nachdem Sie einen Blick auf die Sanitäranlagen geworfen haben (was grundsätzlich übrigens unbedingt empfehlenswert ist!).

Gerüche, Geräusche, Stimme: Schonen Sie Nase und Ohren des Vermieters

Vielleicht wundern Sie sich, dass Sie trotz der Befolgung aller bisher genannter Ratschläge immer wieder abgewiesen wurden? Ohne Ihnen zu nahe treten zu wollen: Könnte es sein, dass Sie Körpergeruch verströmen, der Ihnen selbst gar nicht bewusst ist? Neben dem Geruch nach Schweiß (Duschen am Morgen der Besichtigung und frische Unterwäsche erhöhen Ihre Chancen signifikant!), Alkohol (der übrigens auch weitere, negative Assoziationen weckt) und Blähungen empfinden die meisten Menschen auch kalten Zigarettenrauch, aufdringliches Parfüm oder den Geruch, den ein stark mentholhaltiges Kaugummi verbreitet, als störend – zumal ein solches Kaugummi auch gern von Alkoholikern genutzt wird, um den Alkoholgeruch zu kaschieren.

Auf das Thema Kaugummi möchte ich noch einmal separat zu sprechen kommen, da ich damit regelmäßig in den Besichtigungen konfrontiert werde: Für viele konservative Anbieter ist Kaugummikauen während der Besichtigung ein absolutes „No-Go". Es wird als respektlose Geste betrachtet und weiterhin mit dem Benehmen der problembehafteten Unterschicht assoziiert.

Gleichen Sie außerdem die Lautstärke Ihrer Stimme der Lautstärke des Anbieters an. Ein „lautes Organ" suggeriert Unfrieden im Haus. Zu leises Sprechen kommuniziert Unsicherheit.

BESICHTIGUNGSARTEN: *TÜCKEN UND CHANCEN*

Als Faustregel gilt: Je individueller die Besichtigung ist, umso mehr Einfluss können Sie auf den Vermieter/Anbieter nehmen. Gleichwohl wird ein „Abtauchen in der Masse" schwieriger, je individueller Ihr Termin ist.

Massenbesichtigung und Sammelbesichtigung

Insbesondere nach der Einführung des Bestellerprinzips und den daraus resultierenden sinkenden Margen im Bereich „Vermietung" ist die Sammelbesichtigung bei Maklern beliebt. Sie ermöglicht dem Anbieter, das Objekt zur selben Zeit einer Vielzahl von Interessenten zugänglich zu machen und auf diese Weise Kosten (in Form von Zeit und Aufwand) zu sparen. Der Anbieter weiß aber auch, dass er in der Sammelbesichtigung potenzielle Interessenten verliert, die er über eine Individualbesichtigung eventuell für die Wohnung begeistert hätte. Einige Interessenten bekommen schlechte Laune, weil sie der massiven Konkurrenzsituation direkt ins Auge sehen, andere erscheinen erst gar nicht zum Termin. Ein geschulter Anbieter wird deshalb nur dann zur Massenbesichtigung einladen, wenn die Nachfragesituation so hoch ist, dass er sicher sein kann, die Wohnung zu vermieten, auch wenn einzelne Interessenten abspringen. Weil Sie dieses Buch gelesen haben und nun die Hintergründe kennen, müssen Sie bei der Massenbesichtigung nun kein ungutes Gefühl mehr haben. Sie wissen: 80 Prozent Ihrer „Mitstreiter" bewerben sich gar nicht – weil sie die Konkurrenzsituation scheuen. Von den 20 Prozent, die sich bewerben, sind zehn Prozent nicht qualifiziert. Tatsächlich bleiben vermutlich also nur noch eine Handvoll Konkurrenten übrig, gegen die Sie sich durchsetzen müssen. Von Massenbesichtigung spreche ich, wenn bei einem Termin mehr als zehn Interessenten zusammenkommen. Sammelbesichtigungen hingegen sind Termine mit einer kleineren Personenzahl, denen eventuell schon eine Vorauswahl vorausgeht. Für die unsympathischen Zeitgenossen können Massenbesichtigungen übrigens genau das Richtige sein – vorausgesetzt, ihre Bonität ist tadellos. Denn sie haben im Gewimmel die besten Chancen, ihre Unzulänglichkeit zu kaschieren.

Kommen Sie zu Sammelbesichtigungen eher zu früh. So sichern Sie sich die besten Plätze und sehen das Objekt als Erste. Die ersten und die letzten Interessenten bleiben beim Anbieter am besten haften. Wenn Sie sich für die Wohnung entscheiden, versuchen Sie, einen bleibenden Eindruck beim Anbieter zu hinterlassen – bspw. indem Sie ihn direkt ansprechen, ihn nach der weiteren Vorgehensweise fragen, ihm eine Visitenkarte hinterlassen und ihm zusichern, dass Sie die Selbstauskunft einreichen, vielleicht haben Sie die Unterlagen schon dabei und können sie direkt abgeben. Auch ein kurzes Statement über sich selbst auf einer A4-Seite, zusammen mit einem Foto zur Erinnerung, kann hilfreich sein.

Wenn Sie sich allerdings verspäten, müssen Sie bei der Massenbesichtigung damit rechnen, vor verschlossenen Türen zu stehen.

Open-House-Besichtigung

Die Open-House-Besichtigung vereint für den Anbieter die Vorteile einer Einzelbesichtigung mit der Kostenersparnis, die ein Massentermin mit sich bringt. Hier wird dem Interessenten ein Zeitraum genannt, bspw. Sonntag zwischen 14:00 Uhr und 15:00 Uhr, in dem der Anbieter in dem Objekt zugegen ist. Verhalten Sie sich entgegengesetzt zur Massenbesichtigung und erscheinen idealerweise um 14:30 Uhr. Der erste Ansturm hat sich dann gelegt und Sie erhalten die Möglichkeit, in Ruhe alle Fragen zu klären und können den Anbieter in Ihrem Sinne „bearbeiten". Erscheinen Sie nicht kurz vor ultimo. Manchmal schließt der Anbieter sehr pünktlich, wenn in den letzten zehn Minuten keine Interessenten mehr kommen. Dann hindern Sie ihn mit Ihrem Erscheinen an seinem Feierabend. Oder er steht unter Zeitdruck, weil er zu einem Folgetermin muss und auch dann wird er Ihr Erscheinen eher als unerwünscht betrachten. Auch wenn er zu einem Folgetermin muss, wird er Ihr spätes Auftauchen als störend empfinden.

Einzelbesichtigung

Gelangen Sie in eine Einzelbesichtigung, haben Sie einen weiten Teil des Weges bereits gemeistert. Der Anbieter nimmt sich extra für Sie Zeit – eventuell, weil er Sie als potenziellen Mieter besonders gut betreuen möchte. Seien Sie unbedingt pünktlich, besorgen Sie sich vorab die Mobilfunknummer des Anbieters und rufen Sie an, falls Sie sich doch verspäten. Klären Sie eventuell schon vor der Besichtigung (bspw. in einem Telefonat), wie das Bewerbungsverfahren abläuft. Wenn Sie die Wohnung angesehen haben und sich sofort dafür entscheiden geben Sie eine verbindliche Zusage und bestätigen Sie diese einen Tag später telefonisch oder via Mail. Achten Sie auf die Signale, die der Anbieter Ihnen entgegenbringt und schätzen Sie ab, wie viel Zeit er sich für Sie nehmen möchte.

SO BITTE NICHT

Der Unternehmensberater/ Investmentbanker

Er ist Mitte bis Ende zwanzig, ist adrett gekleidet, seine Schuhe kosten 1.000 EUR (pro Schuh), seine gegelten Haare haften eng am fischförmigen Kopf. Dem Investmentbanker gehört die ganze Welt. Fast. Denn die Wohnung, die er gerade besichtigt, die gehört ihm nicht. Leider ist ihm diese Tatsache nicht bewusst. Dem Vermieter schon. Und so betrachtet dieser halb amüsiert und halb ärgerlich, wie der junge Mann seinen vermeintlichen Siegeszug durch das Objekt antritt. Was hier und da an Kosmetik notwendig wäre, damit die vier Wände den gediegenen Ansprüchen des edlen Herrn genügen, wird fachmännisch sondiert. Als die Frage fällt – es ist vielmehr eine Feststellung – dass die vom Stil her „gewöhnungsbedürftige Couch" der möblierten Wohnung (übrigens ein Erbstück der verstorbenen Mutter) wohl einen Platz in Keller finden dürfte, lässt der bisher schweigende Vermieter ein zynisches „Selbstverständlich!" verlauten, bekundet, er werde sich „zeitnah" bei dem Bewerber melden und löscht dessen Handynummer umgehend aus seiner Interessentenliste.

Glücklicherweise hat der Fisch ohnehin keine Zeit, vergeblich auf den Rückruf zu warten, denn sein Telefon steht vor lauter Gefragtheit schon während der Besichtigung kaum still.

Der Prolet

Der Prolet kommt vom Fitnessstudio aufgepumpt in die Besichtigung, livriert in Jogginghose, mit frisch blondierter Freundin, Pitbull und Goldkettchen. Eigentlich möchte der Anbieter ihm gar nicht die Hand geben, aber der Bewerber streckt sie ihm so lange entgegen, bis er sich geschlagen gibt. Ein Fehler, denn er wird den Händedruck dieses Testosteron-Golems noch Tage später schmerzlich spüren. „Alter, ne geile Bude hast du da! Die nehm ich, ich kann's mir leisten, und für dich springt auch noch was raus!"

Die Unentschlossene

Die Unentschlossene möchte EIGENTLICH nicht länger in ihrer aktuellen Wohnung wohnen. EIGENTLICH hatte sich die Dame eine leisere Lage gewünscht, ihre Mietentscheidung war völlig übereilt gewesen. Während sie vor dem Makler durch die Wohnung schleicht, gefällt ihr die Immobilie EIGENTLICH ganz gut. Auf die Frage, ob sie denn schon Ihr aktuelles Mietverhältnis gekündigt habe und zeitnah in die leere Immobilie einziehen könne, erwidert sie mit großen Augen: „EIGENTLICH NICHT".

So gut kennen Sie mich inzwischen: Ja, das waren drei echte Beispiele aus realen Einzelbesichtigungen, in denen ich zugegen war. Denken Sie nun über Ihre Wohnungsbesichtigungen in der Vergangenheit nach. Wären wir beide, Sie und ich, uns dort schon einmal begegnet, hätte ich Ihnen dann an dieser Stelle die Hauptrolle angedeihen lassen?

KAPITEL FÜNF

DER MIETVERTRAG RÜCKT IN GREIFBARE NÄHE

Sie haben es fast geschafft: In der Besichtigung haben Sie die Traumwohnung gefunden, in der Ihre Wunschvorstellung eine realistische Entsprechung hat. Sie haben einen guten Eindruck auf den Anbieter gemacht. Als Golfer wären Sie jetzt auf dem Grün angekommen – Sie müssen nur noch einlochen …

VERTRAGSANBAHNUNG

Nicht wenige potenzielle Mietverhältnisse scheitern an der Kommunikation zwischen Vermieter und Mietinteressent. Die Vermittlung zwischen diesen beiden Parteien während der Vertragsanbahnung ist übrigens eine der Kerntätigkeiten des Wohnungsmaklers. Interagieren Sie mit dem Privatvermieter, so müssen Sie diese Hürde allein meistern.

Wenn Sie Ihre Unterlagen eingereicht bzw. mit dem Anbieter gesprochen haben, sollte Ihnen nun ein klarer Fahrplan vorliegen. Möchten Sie die Wohnung haben, bestätigen Sie dies dem Anbieter erneut am nächsten Tag via Mail oder in einem kurzen, persönlichen Anruf. Sie sollten außerdem wissen, wann Sie die Zu- bzw. Absage erhalten werden und wie es dann weitergeht.

Folgen Sie diesem Plan: Wenn Ihnen der Anbieter bis Donnerstag eine Antwort zugesagt hat und Sie am Freitagvormittag noch keine Mail und keinen Anruf erhalten haben, haken Sie nach. Das muss Ihnen nicht peinlich sein. Wenn Sie eine Absage erhalten, können Sie schnellstens weitersuchen. Sie bekommen eine Zusage? Umso besser. Zahlreiche Anbieter vergessen schlicht zu antworten oder kümmern sich zunächst um andere Dinge (die mehr Spaß machen). Setzen Sie also alles daran, den Mietvertrag zeitnah zu unterschreiben – bevor die Nichte des Vermieters überraschend aus Amerika heimkehrt und den Onkel um die Schlüssel bittet.

Wenn Sie dem Vermieter/Anbieter Zusagen gemacht haben, halten Sie sich daran. Sollen Sie die Schufa-Auskunft beispielsweise bis Mittwoch einreichen, senden Sie diese nicht erst am Donnerstag. Wenn Sie um 13:00 Uhr zurückrufen sollen, nehmen Sie nicht erst nach der Tagesschau das Telefon zur Hand.

Je klarer und zielgerichteter Sie sich verhalten, umso wahrscheinlicher führen Sie die Vertragsanbahnung zum Erfolg.

Bitte gehen Sie dem Anbieter nicht auf die Nerven!

Ich hatte kürzlich mit einem Mietinteressenten zu tun, der mir zwischen Agreement des Vermieters und Vertragsunterschrift 17 E-Mails sandte. Zuerst dankte er mir für die Besichtigung (sehr nett!), die folgenden Mails bezogen sich auf die noch ausstehende Installation der Einbauküche, gefolgt von Nebensächlichkeiten bei der Vorbereitung seiner Bankbürgschaft, und auch die Terminfindung für die Wohnungsübergabe stellte ihn vor Herausforderungen, die er mit insgesamt fünf E-Mails an mich dokumentierte. Hätte sich ein vergleichbarer Interessent beworben, wäre meine Handlungsempfehlung gewesen, diesen zweiten Bewerber zu bevorzugen. Ich möchte mir nicht vorstellen, was für eine Mail-Lawine den Vermieter überrollt, wenn in der Wohnung des besagten Mieters einmal der Wasserhahn tropft …

VERTRAGSVERHANDLUNGEN

Verhandlungen sind auch im Mietgeschäft üblich, denn alle Komponenten, aus denen es besteht, sind grundsätzlich verhandelbar:

- Kaltmiete
- Einzugstermin
- Kaution
- Renovierungsmaßnahmen
- Stellplatz/Tiefgarage

Empfehlenswert ist es jedoch nur bedingt. Sie sollten sich darüber im Klaren sein, dass Sie Ihre Position in jedem Fall verschlechtern, sobald Sie in Verhandlungen einsteigen. Definieren Sie deshalb zunächst Ihre eigene Verhandlungsposition. Setzen Sie dann den Verhandlungserfolg in Relation zum Worst Case (der da wäre: Sie verlieren die Wohnung, weil der Vermieter von dem Angebot abrücken und einen anderen Mieter auswählen konnte oder weil Sie ihm mit Ihrer Feilscherei derart auf die Nerven gehen, dass er sogar neu ausschreibt). Überlegen Sie besonders, welche Botschaft Sie mit Ihrem Anliegen aussenden. So verliert etwa ein Mieter, der die Höhe der Kaution verhandeln möchte, mehr Glaubwürdigkeit als ein Mieter, der den Einzugstermin einen Monat nach hinten verschieben will.

Fragen Sie sich außerdem, ob ein Mittelweg für Sie eine ausreichende Alternative wäre, denn es ist die wahrscheinlichste Lösung, dass es auf einen solchen hinausläuft – vorausgesetzt, der Vermieter lässt sich überhaupt auf Verhandlungen ein.

Auf meinem Internetblog www.mietercoach.de habe ich eine ganze Serie zu Preis- und Vertragsverhandlungen publiziert, schauen Sie doch einmal vorbei …

DER MIETVERTRAG

In der Regel bekommen Sie Ihren Mietvertrag vor der Unterschrift als Entwurf zugesandt, meistens via E-Mail. Das gibt Ihnen die Gelegenheit, die Angaben zu checken und eventuelle Änderungswünsche einzubringen. Änderungswünsche sind an dieser Stelle gleichbedeutend mit Verhandlungen!

Unkompliziert sind einfache Verbesserungen, zum Beispiel zur Schreibung Ihres Namens, Ihrer Anschrift und Ähnlichem. Komplizierter sind Änderungen oder Ergänzungen einzelner Absätze. Sind Sie nicht selbst Jurist, sollten Sie sich hierbei unbedingt beraten lassen.

Vermeiden Sie bitte die folgende Formulierung: „Bevor ich unterschreibe, lege ich den Mietvertrag erst meinem Anwalt zum Checken vor." Das Wort „Anwalt" klingt während der Vertragsanbahnung immer gefährlich und wird sofort Irritationen auslösen. Lesen Sie den Vertrag zunächst einmal gründlich selbst. Wenn Sie unsicher sind, geben Sie ihn tatsächlich einem Anwalt zur Prüfung, aber hängen Sie es nicht an die große Glocke.

Meistens erhalten Sie hierzulande zwar Standardmietverträge, dennoch ist das deutsche Mietrecht sehr kompliziert. Nur ein studierter Fachmann kann Ihnen differenzierte Auskünfte geben. Natürlich haben Sie die Möglichkeit, einen Makler oder Verwalter zu rechtlichen Angelegenheiten zu befragen.

Wenn Sie das nicht aus Langeweile tun, sondern sich auf die Antworten verlassen und gegebenenfalls darauf berufen möchten, so sollten Sie Ihr Anliegen immer schriftlich formulieren und auch um eine schriftliche Antwort (via E-Mail) bitten. Dann aber sind Sie auf der sicheren Seite: Sobald der Makler oder Verwalter sich zu rechtlichen Fragen äußert, müssen seine Aussagen der Wahrheit entsprechen, andernfalls kann er sich schadensersatzpflichtig machen.

Bedenken Sie aber, dass derartige Rückfragen für den Makler zusätzlichen Arbeitsaufwand bedeuten. Von Ihnen darf er dafür kein Entgelt verlangen, da er vom Eigentümer engagiert wurde.

KAPITEL SECHS

IM MIETVERHÄLTNIS

Ist der Vertrag erst unterschrieben, können Sie endlich einziehen und das Thema „Wohnungssuche" erst einmal ad acta legen. Mit den Tipps aus diesem Ratgeber sollten Sie nun eine Wohnung gefunden haben, die Ihnen so gut gefällt und so passgenau ist, dass Sie in der nächsten Zeit nicht noch einmal auf die Suche gehen müssen. Um diesen Status quo nach Ihren Wünschen beliebig lange aufrecht zu erhalten, bemühen Sie sich um ein gutes Verhältnis zur Anbieterseite. Wie Sie jetzt wissen, sind Sie beide auf einander angewiesen.

Tritt ein Problem auf, dann haben Sie mehrere Möglichkeiten: Wenn Ihnen dabei keine horrenden Kosten entstehen, sollten Sie immer zunächst versuchen, ein Problem selbst zu lösen. Geht das nicht, dann bitten Sie Ihren Vermieter um Hilfe. Kommunizieren Sie so, wie Sie es bei der Kontaktaufnahme auch getan haben: lösungsorientiert und wertschätzend. Hilfreich ist es in jedem Fall, wenn Sie eine eine Kosten-Nutzen-Risiko-Rechnung aufstellen. Fragen Sie sich also, wie hoch Ihre Kosten sind bzw. Ihr Risiko ist, wenn Sie:

a) das Problem selbst beheben
b) in eine zeitaufwendige Interaktion mit dem Vermieter/der Hausverwaltung eintreten
c) weitere Schritte in Kauf nehmen müssen, wie etwa einen Rechtsstreit usw.

DER „SCHLAUE" MIETER

Ein von mir vermittelter Mieter hatte sich bei seiner Vermieterin (also meiner Kundin) beklagt, dass zwei

Dichtungsringe am WC undicht seien, und die Toilette nun (geringfügig) Nässe ins Badezimmer abgeben würde. Die Vermieterin bat den Mieter, die Reparatur selbst zu erledigen. Der Mieter hatte sich inzwischen rechtlich „schlau gemacht" und wusste, dass die Reparatur in den Zuständigkeitsbereich der Vermieterseite fiel. Er erklärte ihr dies und bestand auf seinem Recht. Sie beauftragte genervt den Handwerker, der einige Male anfahren musste. Mit Reparatur und Einbau betrug die Rechnung, die die Vermieterin zu zahlen hatte, schließlich 350 EUR.
Der Mieter hätte bei einer Reparatur in Eigenregie vielleicht 40 EUR bezahlt.
Zwei Wochen später rief mich die Vermieterin an und bat mich, die Wohnung für sie zu verkaufen.
Ich veräußerte das Objekt an einen Eigennutzer und der Mieter musste per Eigenbedarfskündigung ausziehen.

Natürlich haben Sie ein Recht darauf, dass Ihre Mietsache, für die Sie monatlich viel Geld bezahlen, in einem anständigen Zustand gehalten wird! Wenn ein Vermieter sich grundsätzlich vor Instandhaltungsarbeiten und Reparaturen scheut und das Haus in einem schlechten Zustand ist, können und sollen Sie selbstverständlich Ihr Recht einfordern. Achten Sie aber darauf, dass die Verhältnismäßigkeit gewahrt bleibt. Hat ein Vermieter Ihnen zum Beispiel vor vier Wochen gerade eine Sondererlaubnis zum Halten einer Deutschen Dogge erteilt, so wäre es nicht sehr klug, ihn wegen zwei defekter Dichtungen zu kontaktieren und sich zu weigern, den Austausch selbst vorzunehmen. Sollte sich trotz aller Rücksichtnahme Ihrerseits die Situation zwischen Ihnen und Ihrem Vermieter zuspitzen, so bitten Sie den Vermittler um Rat, sofern ein Makler beteiligt war. Er kennt den Vermieter besser als Sie und kann Ihr Anliegen und auch eventuelle Konsequenzen kommunizieren.

Suchen Sie grundsätzlich konstruktiv nach einer einvernehmlichen Lösung, denn Streit kostet immer Zeit, Geld und Nerven – wertvolle Ressourcen, die alle Parteien besser investieren können.

KAPITEL SIEBEN

DER MIETMARKT IM WANDEL

WARUM DIE WOHNUNGSSUCHE NOCH SCHWERER WIRD

Was sind das nur für Zeiten? Zwar ist Wohnen kein Grundrecht, doch zumindest ein Grundbedürfnis. Ein Bedürfnis, das entscheidend zu unserem täglichen Wohlbefinden beiträgt. Viele Mieter bekommen schon Schweißausbrüche, wenn sie nur daran denken, eine neue Wohnung in einem Ballungsraum finden zu müssen. Ihnen ist bewusst, dass sie auf einen völlig ungesunden Mietmarkt treffen, in dem die Nachfrage das Angebot um ein Vielfaches übersteigt. „Menschenunwürdig“ fühlt es sich für viele Interessenten an, wenn sie sich in die langen Schlangen wartender Interessenten vor vakanten Mietimmobilien einreihen müssen. Sie fühlen sich geknebelt, unter Druck gesetzt und in ihrer Entscheidungsfreiheit beschnitten, wenn der Anbieter die Bedingungen des Mietverhältnisses „diktiert“.

Zu wenig Wohnraum in Ballungszentren führt zu chaotischen Verhältnissen

Doch wo liegen die Gründe? Haben es Mieter etwa verdient, bestraft zu werden? Ist die Anbieterseite, bestehend aus Maklern/Vermittlern und Vermietern, so sadistisch veranlagt, dass sie die Mieter um jeden Preis bei der Wohnungssuche quälen möchte? Nein.

In Wahrheit reagieren sämtliche Marktteilnehmer nur auf die alltäglichen Verhältnisse an der Basis. Durch die extreme Nachfrage nach Wohnraum werden Anbieter in ihre Rollen gedrängt. Die Politik versäumte es in den vergangenen zwanzig Jahren, ausreichend Wohnraum zur Verfügung zu stellen. Noch ist kein Ausweg in Sicht. Ganz im Gegenteil. Mit der Zahl der Flüchtlinge, die in Deutschland ankommen, steigt die Nachfrage nach bezahlbaren Unterkünften schneller denn je. Schon vor der Flüchtlingskrise bemerkten die Politiker den Unmut der

Bevölkerung über diese Situation. In nahezu jedem Wahlprogramm jeder Partei taucht eine Formulierung auf, man wolle „bezahlbaren Wohnraum" schaffen. Tatsächlich geschah aber im „bezahlbaren Segment" in den letzten Jahren herzlich wenig, während in den besten Lagen der Metropolen Luxuswohnungen am Fließband entstehen. Die Privatwirtschaft ist hier die treibende Kraft: In den Zeiten niedriger Zinsen lässt sich mit wohlhabenden Käufern gutes Geld verdienen.

Wählerstimmen abzuschöpfen ist für Politiker wichtiger als die „Wohnungsnot" aktiv zu bekämpfen

Statt sich des Problems „Wohnungsnot" wirklich anzunehmen (und neuen Wohnraum zu schaffen), präsentieren Politiker in jüngster Vergangenheit Placebolösungen, die vorwiegend dem Stimmenfang dienen. Mit neuen Gesetzen wie der Mietpreisbremse und dem Bestellerprinzip behandeln sie lediglich die Symptome dieser Krankheit. Politiker beschneiden den Markt und versuchen, Preise und Leistungen künstlich zu regulieren – aus Unwissenheit oder Ignoranz der Tatsache gegenüber, dass sie die Wohnungssuche für die Bevölkerungsgruppen, die vorher schon Schwierigkeiten bei der Wohnungssuche hatten, noch verschlimmern. (Sie erinnern sich: Ich nannte sie Typ-C-Mietinteressenten).

Am Beispiel des Bestellerprinzips werde ich Ihnen im folgenden Abschnitt veranschaulichen, wie die Politik Sie als Mieter an der Nase herumgeführt hat – mit der Intention, bei der Bundestagswahl Ihre Stimme zu erhalten. Erinnern Sie sich? Das Bestellerprinzip soll die Provisionszahlung zwischen Makler und Auftraggeber neu regeln.

Das Mietrechtsnovellierungsgesetz – MietNovG[1] wurde von der großen Koalition aus CDU und SPD 2015 beschlossen und ist am 1. Juni 2015 in Kraft getreten.

Viele Mieter strahlten bei dem Wahlslogan ***„Nie wieder Maklerprovision für Mieter"*** voller Vorfreude. Ihre Begeisterung ist durchaus verständlich, fühlten sie sich doch nach langjähriger medialer Beschallung von der Anbieterseite, besonders aber von Maklern, ausgenommen und abgezockt.

Dass die Initiative zum Gesetz in der Bevölkerung überhaupt so breite Zustimmung fand, ist dem schlechten Image der Makler geschuldet. Makler sind im öffentlichen Denken nun mal „unnötig, überbezahlt, gierig und faul". Einen Vertreter dieser gruseligen Gattung konnten Sie auf den vorherigen Seiten ein wenig besser kennenlernen. Tatsächlich entstand dieser Ratgeber, während ich gelangweilt und desinteressiert auf meinem Geldberg saß und vor lauter Freizeit nicht wusste, was ich mit mir anfangen sollte …

Wie die Maklerbranche zu ihrem zweifelhaften Image gelangte

Zurück zur Wahrheit: Das schlechte Image der Maklerbranche hat aus zwei Gründen durchaus seine Existenzberechtigung:

Zunächst ist der Beruf Immobilienmakler kein geschützter Beruf. Das bedeutet, ohne weitere Ausbildung oder Fachkenntnis kann sich jeder Selbstständige „Makler" nennen, sofern er von seiner Berufsaufsichtsbehörde die Erlaubnis erhält. Diese bekommt i. d. R. jeder, der keine Vorstrafen oder Steuerschulden mitbringt. Zweitens konnte man durch die angespannte Marktsituation auf dem Wohnungsmarkt in den vergangenen Jahren vergleichsweise einfach Geld verdienen. Ist die Eintrittsbarriere gering und sind die Verdienstmöglichkeiten hoch, erhält der Berufszweig Zulauf. Dementsprechend leidet die Fachkompetenz. Die wenigen gut ausgebildeten und serviceorientierten Makler wurden förmlich erdrückt von einem Heer inkompetenter Möchtegernvermittler, die von diesem Beruf etwa so viel Ahnung hatten wie der Metzger vom Brötchenbacken – aber alle wollten reich werden. Viele nahmen die Aufgabe des „Vermittlers zwischen Angebot und Nachfrage" nicht ernst, sondern vermittelten in erster Linie ihre Courtagerechnung.

Während die Mieter bezahlten und bezahlten, wurde der rollende Rubel für eine Mehrzahl meiner Berufskollegen zur Normalität. In arroganter Selbstverständlichkeit schmückten sie sich mit Maßanzügen, teuren Autos, goldenen Klingelschildchen und tranken fleißig Champagner, während sie ihre Leistung für den zahlenden Kunden minimierten und ihre Freizeit maximierten.

Maklerbüros schossen wie Pilze aus dem Großstadtboden. Emsig und kontinuierlich arbeiteten die Makler daran, das Geier-Image unserer Branche nachhaltig in der öffentlichen Meinung zu zementieren. Medienberichte über schlechte Makler, über das „Makeln ohne Auftrag" und sogar gesetzeswidrige Abzockmethoden im Mietbereich taten ein Übriges.

Wie die Massenmedien der Populismus-Politik in die Hände spielten

Um die Ausgangssituation für eine Gesetzgebungsinitiative wie das Bestellerprinzip objektiv zu beschreiben, möchte ich auf die Rolle der Massenmedien, über die sich die öffentliche Meinung manifestiert, eingehen.

Journalisten haben die anspruchsvolle Aufgabe, komplexe Sachverhalte so aufzubereiten, dass diese von den Lesern verstanden werden. Je weniger Text das Medium zur Verfügung hat, je einfacher die Sätze gestrickt sind, umso schwieriger wird eine objektive Berichterstattung. Die Relevanz für die öffentliche Meinungsbildung nimmt dagegen zu, wenn die Texte kürzer und eingängiger werden. Meinung entsteht im Resultat durch einfache Bilder, Klischees und Slogans. In diesem Fall also durch: „Nie wieder Provision", „Der schmierige Makler" und „Ab Juni bezahlt der Vermieter".

Die volkswirtschaftliche Funktion des Maklers wurde konsequent verleugnet

Bei der Berichterstattung über Makler wurde die volkswirtschaftliche Funktion, die unsere Berufsgruppe durchaus erfüllt, vollständig außer Acht gelassen. Im Zuge der gekonnten Augenwischerei der Politik wurde auch die tatsächliche Marktsituation nicht weiter behandelt, obwohl diese das Geschäftsgebaren des „schmierigen Maklers" überhaupt erst legitimierte.

In ihren Reportagen berichteten die Medien nämlich nicht darüber, dass der Makler in dieser Marktsituation das „viele Geld" nicht für eine kompetente Betreuung des

Kunden erhielt, sondern für das Zugänglichmachen einer sehr wertvollen Information.

Eine geflügelte Redensart von Interessenten bringt mich immer wieder zum Lächeln:

„Ich habe die Wohnung übers Internet selbst gefunden."

Natürlich hat der Interessent die Wohnung nicht SELBST „gefunden", vielmehr hat der Makler die Immobilie zuvor „gefunden" und im Portal platziert. Die Immobilienanzeige im Internet stellte das Ende der „Wertschöpfungskette Vermietung" dar. Sie visualisiert Jahre der ständigen Akquise und Bearbeitung des Marktes und der Eigentümer durch den Makler - und dies tatsächlich im Interesse des Mieters: Letztlich kauft dieser die guten Verbindungen des Maklers ein.

Mit der Reaktion auf das Angebot des Maklers erkannte der Interessent diese Maklerleistung implizit an. Der Interessent „bestellte" den Makler, indem er auf die Anzeige reagierte. **Kein Makler hat einen einzigen Mieter je GEZWUNGEN, auf seine Immobilienanzeigen zu antworten.** Tatsächlich lag in den seltensten Fällen ein qualifizierter Makleralleinauftrag vor. Das bedeutet, hätte der Interessent sich selbst „auf die Socken gemacht" und die Wohnung wirklich **selbst gesucht (SELBST bedeutet hier nicht auf der Basis des Inserats) und selbst gefunden,** wäre auch keine Provision fällig geworden.

Dass das Know-how des Maklers in diesem Moment so viel wert war, lag wie oben erklärt an dem völlig asymmetrischen Verhältnis zwischen Angebot und Nachfrage.

Der Makler trägt an dieser Situation keine Schuld. Aber er fungierte immer wieder als Sündenbock, denn so konnte man gut über die strukturellen Notstände des Wohnungsmarktes hinwegtäuschen.

Im Vorfeld der Gesetzesänderung berichteten die Medien lautstark, die Mieter frohlockten und die Politiker posteten auf Facebook und Twitter, nun „endlich etwas gegen die hohen Maklerprovisionen zu tun". Weil die Branche „so unnötig ist", wie immer proklamiert wurde, wurde über die Sinnhaftigkeit des Gesetzentwurfes auch wenig diskutiert. Die allgemeine Berichterstattung konzentrierte sich stattdessen in hämischer Vorfreude auf den Überlebenskampf der Makler, die verzweifelt und chancenlos versuchten, gegen den Entwurf vorzugehen. Der Branche dämmerte nun endgültig, dass ihr durch die Neuregelung Auftraggeber und Umsätze wegbrechen würden.

Dennoch: Wenn Sie bis zu dieser Seite in meinem Buch gelangt sind, ist Ihnen eventuell aufgefallen, dass (manche) Makler vielleicht doch nicht ganz so unnötig sind:

Ich habe nämlich in meiner Eigenschaft als Makler eine Fähigkeit, die Mieter gerade gut gebrauchen können: Ich kann ihnen durch meine von langer Hand aufgebauten Connections eine Wohnung besorgen, auch in gefragten Lagen und sogar zu einem (einigermaßen) bezahlbaren Preis.

Eine Neuregelung der Provisionsverteilung war erforderlich

Da wir uns in einer sozialen und nicht in einer freien Marktwirtschaft befinden, ist der Staat gefordert, die Hilfsbedürftigen durch staatliche Regulierung zu unterstützen. Die Starken tragen die Schwachen mit. Weil wir in Deutschland leben, erkennen wir diese Grundprämisse unserer Gesellschaft an. Die Maklerprovision auf zwei Kaltmieten plus Mehrwertsteuer zu deckeln, war beispielsweise eine geschickte Regulierungsmaßnahme. (In einem freien Marktumfeld läge diese in gefragten Münchner Lagen übrigens bei etwa fünf Kaltmieten. Das bedeutet, die Partei, die unter größerem Druck steht – der Mieter – würde dem Makler sicher bis zu fünf Kaltmieten bezahlen, wenn dieser dafür eine Wohnung besorgt).

Das Wohnungsvermittlungsgesetz, dem Wohnungsmakler unterliegen, stammt aus einer analogen Zeit, in der auch die Vermarktung der Immobilie mehr Ressourcen in Anspruch nahm, als das heute der Fall ist. Früher musste der Makler z. B. mehr Zeit aufwenden, um mit den Interessenten zu kommunizieren. Exposés wurden per Post verschickt. Der Vorgang dauerte teilweise Wochen. Die Mietersuche gestaltete sich viel schwieriger als in der schnelllebigen Zeit des Internets. Eine Überarbeitung des Gesetzes in Erwägung zu ziehen, war deshalb im Sinne des sozialen Fortschritts angemessen. Weniger Populismus und mehr Sachverstand hätten zu einer nachhaltig sinnvollen Lösung geführt. Ich war während des Gesetzgebungsverfahrens ein starker Verfechter der Provisionsteilung.

Aber es sollten Wahlen gewonnen werden. Zu diesem Zweck musste und sollte polarisiert werden.

Nie wieder Provision, Makler sind unnötig und faul, Vermieter wälzen Provisionen ab. Das wollen Mieter hören – eine überwiegende Anzahl der Wähler sind Mieter – so gewinnt man Wahlen!

Nachdem man die Anbieter derartig vorführte, wäre jede makler- oder vermieterfreundliche Lösung eine Bankrotterklärung für die Partei gewesen, die den Vorschlag ursprünglich angestoßen hat.

Warum das „Bestellerprinzip" in Wahrheit ein „Der-Vermieter-zahlt-immer-Prinzip" ist

Der abschließende Gesetzestext reflektiert deshalb die breite Meinung der Öffentlichkeit: Die Neuregelung, die umgangssprachlich „Bestellerprinzip" getauft wurde, ist in Wahrheit ein „Der-Vermieter-zahlt-immer-Prinzip". Folgender Absatz wurde in das Wohnungsvermittlungsgesetz (WoVermRG) neu aufgenommen:

„Der Wohnungsvermittler darf vom Wohnungssuchenden für die Vermittlung oder den Nachweis der Gelegenheit zum Abschluss von Mietverträgen über Wohnräume kein Entgelt fordern, sich versprechen lassen oder annehmen, sei denn, der Wohnungsvermittler holt ***ausschließlich*** *wegen des Vermittlungsvertrages mit dem Wohnungssuchenden vom Vermieter oder einem anderen Berechtigten den Auftrag ein, die Wohnung anzubieten (§ 6 Abs. 1)."*

Das Wort „ausschließlich" bedeutet hier, dass der Makler jedes Objekt provisionspflichtig (für den Mieter) nur jeweils einem einzigen Suchkunden vorführen darf. Stellen Sie sich vor, Interessent A und Interessent B erteilen dem Makler beide einen gleichen Suchauftrag. Der Makler zeigt dem Interessenten A die Wohnung, die er gerade (nach Erteilung des Auftrags durch den Suchenden) von einem Kunden in den Bestand bekommen hat. Interessent A sagt die Immobilie nicht zu. Nun kann der Makler von Interessent B keine Provision mehr verlangen. Das Objekt ist für den Makler „verbrannt", da er die Wohnung ***nicht ausschließlich*** *für den Interessenten B suchte.[2] Das bedeutet, er kann mit dem Objekt kein Geld mehr verdienen und verliert deshalb spätestens nach der Besichtigung mit Mietinteressent A die monetäre Motivation, an der Immobilie zu arbeiten – außer der Eigentümer entschließt sich, ihn für die Mietersuche zu bezahlen.*

Zunächst werden Sie sich als Suchender freuen. Das „Der-Vermieter-zahlt-immer-Prinzip" bedeutet für Sie nämlich: **Der Mieter zahlt nie!**

Eigentlich toll, oder? Was bedeutet dies für Sie außerdem?

Hätten wir uns vor der Einführung des „Bestellerprinzips" kennengelernt, hätte ich Ihnen als Mietinteressent bei der Suche nach einer Wohnung zur Seite gestanden. Sie hätten sich entspannt zurücklehnen können. Für zwei Kaltmieten Ihrer neuen Wohnung zuzüglich Mehrwertsteuer hätte

2) Die Rechtsprechung wird zeigen, ob und in wieweit diese Lücke im Gesetzestext in der Praxis tatsächlich geschlossen wird. Derzeit (Dezember 2015) sind entsprechende Urteile noch nicht verfügbar.

ich das ganze Programm für Sie erledigt, das ich Ihnen in diesem Buch beschrieben habe – von der Bedarfsanalyse bis zum fertigen Mietvertrag; eine Flasche Sekt zum Einzug inklusive.

Seit der Einführung des neuen Gesetzes am 1. Juni 2015 betreuen zahlreiche Makler keine Mietinteressenten mehr bei ihrer Suche nach einer geeigneten Wohnung. Wenn sie ein „gefundenes Objekt" keinen zwei Suchkunden provisionspflichtig zeigen dürften, können sie eine Objektsuche nicht mehr kostendeckend anbieten, denn die meisten Mietinteressenten möchten nämlich mehr als eine Wohnung besichtigen und das VOR ALLEM, wenn sie einen Makler engagieren.

Dementsprechend gleicht die Regelung einem Beinahe-Berufsverbot für Makler im Bereich „Objektsuche im Mietmarkt". Der Zugang von Mietern zum Mietmarkt wird so ebenfalls beschränkt: Wie oben erwähnt, kann der Makler eine richtige Suche kaum noch offerieren.[3] Mieter haben es folglich durch das „Der-Vermieter- zahlt-immer-Prinzip" schwer, einen Makler zu finden, der sie überhaupt noch vertritt. Auch ich habe mich für die Vermieter-Seite entschieden.

Wenn wir uns jemals bei einer Besichtigung begegnen, bedeutet dies für Sie zunächst, **dass Sie die Besichtigung nichts kostet.**

3) Dies sah der Bundesrat im Übrigen genauso. In seiner Stellungnahme vom 7.11.2014 (Drucksache 447/14) bat er die Regierung, im „weiteren Verlauf des Gesetzgebungsverfahrens zu prüfen, ob eine sachgerechte Lösung" für den Bereich Objektsuche gefunden werden kann. Den entsprechenden Ausschnitt aus der Originalstellungnahme finden Sie in der Anlage.

PROVISIONSFREI

... wird die Mietimmobilie nun angeboten – so hat es der Gesetzgeber gewollt. Daraus folgt aber auch, dass Sie keine Leistungen erwarten dürfen, die über das Anliegen des Kunden hinausreichen. Interessenten haben keinen Anspruch auf Einzelbesichtigungen, auf individuelle Terminvereinbarungen, auf Klärung Ihrer Fragen vor dem Besichtigungstermin, um Zeit zu sparen, und auch nicht auf eine Zweitbesichtigung, um „noch einmal zu schauen, ob auch wirklich alles passt". Der Makler wird Ihnen diese Leistungen nur dann einräumen, wenn

a) dieser Service vom Vermieter ausdrücklich gewünscht und bezahlt wird (was aus meiner Sicht sehr unwahrscheinlich ist).

b) die Wohnung ohne den Zusatz-Service nur schwer vermietet werden kann.

Als Interessent sind Mieter eben keine Kunden des Vermieter-Maklers. Und der riskiert sogar saftige Strafen, wenn er sie dennoch zu Kunden macht – wenn er also von Mietern für eine Dienstleistung eine wie auch immer geartete Bezahlung annimmt.

Der Gesetzgeber hatte keine Wahl. Er musste die Rechte von Mietern derart beschneiden, um das „Der-Vermieter-zahlt-immer-Prinzip" wirkungsvoll und ohne Umgehungsmöglichkeit durchzusetzen.

Warum die Politik mit der Einführung des „Der-Vermieter-bezahlt-immer-Prinzips" die Position der Mieter geschwächt hat

Im Resultat zeigen sich dann die fehlende Weitsicht und das nicht vorhandene volkswirtschaftliche Know-how der Politiker, die das Gesetz konzipierten – weil sich der Markt trotzdem seinen Weg sucht und sich selbstständig neu reguliert:

Wie eingangs erwähnt, besitzt der Vermieter die Marktmacht. Er ist der Eigentümer der Immobilie und kann deshalb unter vielen verschiedenen Maklern wählen. Stellen Sie sich vor, Sie müssten unter zwanzig Mobilfunkverträgen wählen, die Ihnen eine ähnliche Leistung anbieten. Welchen Anbieter würden Sie wählen? Vermutlich den, bei dem diese Leistung am wenigsten kostet.

Verdiente der Makler früher im Schnitt 1.200 EUR bis 1.500 EUR pro vermieteter Wohnung, ist er nun gezwungen, die Preise zu reduzieren. Wer weniger verdient, muss auch seine Kosten senken, um konkurrenzfähig zu bleiben.

Zeit ist für den Makler bares Geld. Er wird sich also bemühen, die Vermietung möglichst effizient abzuwickeln. Das bedeutet, er nimmt sich weniger Zeit für den einzelnen Mietinteressenten. Typ-C-Interessenten werden direkt abgewiesen, nicht weiter bearbeitet oder noch schlimmer: Sie werden im Vermietungsprozess bis zu dem Punkt „mitgeschleift", an dem sie mit den minimalsten Kosten aussortiert werden können. Der Makler benötigt schließlich nur einen Mieter für die Wohnung.

Als Politik und Medien den Slogan „Nie wieder Mieterprovision" propagierten, verschwiegen sie, dass sie auf diese Art die von den Mietern verhassten Massenbesichtigungen nur weiter etablierten. Einen Mietinteressenten in einer Metropole erwartet bei der Suche die visualisierte Wohnungsnot, wenn er in zehn Minuten mit fünfzig Mitbewerbern durch ein Zwei-Zimmer-Schlafduschloch geschoben wird. Als Folge dieser Massenabfertigung bleiben genau die Mietinteressenten auf der Strecke, denen Politiker eine Besserung ihrer Situation in Aussicht gestellt und um deren Stimme sie geworben haben. In meiner „Analyse zum Bestellerprinzip" habe ich die Folgen des Entwurfs für den Markt bereits während der Gesetzgebungsphase ausführlich beleuchtet.[4]

Verlierer der wenig durchdachten Regulierungsmaßnahme sind:

- Kinderreiche Familien
- Azubis und Studenten
- Alleinerziehende
- Arbeitsuchende
- Freiberufler mit moderatem Einkommen

Gewinner sind dagegen Typ-A-Mietinteressenten (Bankangestellte, Ärzte, Piloten, Beamte, usw.) Sie hatten ohnehin noch nie Probleme, eine Wohnung zu bekommen, mussten aber die „teure" Maklerprovision bezahlen - diese wird jetzt nicht mehr fällig.

Das „Der-Vermieter-zahlt-immer-Prinzip" schwächt also die Position der Mietinteressenten, die schon früher Probleme bei der Wohnungssuche hatten.

4) Meine „Analyse des Bestellerprinzips: Die Verlierer sind die Einkommensschwachen" ist am 14. Januar 2015 auf meinem Blog www.mietercoach.de erschienen. Ich habe den Artikel auch an den Bundestagsabgeordneten meines Kreises sowie den Abgeordneten der CDU, der mit dem Verfahren betraut war, geschickt. Ich lege Ihnen das Thesenpapier in den Anhang.

Wie das Bestellerprinzip den Markt austrocknet

Die Mieter, die nun darauf angewiesen sind, auf eigene Faust nach einer neuen Wohnung zu suchen, weil sie keinen Makler mehr finden, sind nun nicht nur mit einem schrumpfenden Angebot, sondern auch mit einer abnehmenden Transparenz im Mietmarkt konfrontiert: Ein großer Anteil der Privatvermieter arbeitet nämlich überhaupt nicht mehr mit dem Makler zusammen, sondern vermietet jetzt ebenfalls „auf eigene Faust". Dies reduziert zwar die Kosten aufseiten des Vermieters, nicht aber die Arbeit, die für jede Vermietung anfällt. Im Gegenteil: Der Aufwand wird eher höher, denn ein Makler, der den Vermietungsvorgang betreut, kann aufgrund seiner Erfahrung weitaus schneller und effizienter arbeiten als ein Vermieter, der nur in Zwei- bis Drei-Jahresintervallen eine einzelne Vermietung durchführt. Um diesen Aufwand möglichst selten selbst betreiben zu müssen, wird sich der clevere Vermieter entweder für Mietinteressenten entscheiden, die aus seiner Sicht vermutlich lange bleiben, oder er wird im Mietvertrag einen Kündigungsausschluss vereinbaren. Dies bedeutet, dass Sie für eine festgelegte Anzahl an Monaten (bis zu 48 Monate ab Vertragsschluss sind hier möglich) an den Mietvertrag gebunden sind. Damit werden insbesondere die Rechte des Mieters beschnitten.

Um Kosten zu sparen, werden Vermieter außerdem häufiger Nachmietervorschläge ihrer bisherigen Mieter akzeptieren. Das bedeutet, der Markt wird weniger transparent. Sie „sehen" diese unter der Hand bzw. am Markt vorbei vermieteten Objekte nicht mehr im Portal.

Beides schränkt die Mobilität des Mieters langfristig ein.

Das Gesetz hat die Funktion des Maklers neu definiert – im Sinne der öffentlich falschen Meinung. Der Makler wurde im Mietbereich nun genau zu dem degradiert, was ihm die Medien bisher vorgeworfen haben: Aus dem „Vermittler zwischen Angebot und Nachfrage“ wurde ein Listing-Agent, der sich ausschließlich um die einseitigen Belange der Auftraggeberseite kümmert. Diese ist in der Regel der Vermieter.

Persönlich finde ich diese Entwicklung sehr schade, denn ich habe früher sehr gerne Suchkunden betreut …

DAS WAR'S ...

Sie haben es geschafft: Sie wissen jetzt, worauf es bei der Wohnungssuche ankommt. Weil Sie die Hintergründe nun kennen, treten Sie der Anbieterseite souverän entgegen. Sie können Ihre Stärken einschätzen und sind sich Ihrer Schwächen bewusst. Nun wissen Sie es besser – besser als 90 Prozent aller Interessenten, die in langen Schlangen vor den Mietobjekten warten, die in Besichtigungen orientierungslos herumirren und keine Ahnung haben, wonach sie eigentlich suchen. Richtige Wohnungssuche ist kein Zufall, sie ist ein Handwerk, bei dem Übung den Meister macht.

Der Mietmarkt in Deutschland verändert sich. Er wird härter. Für den Mieter wird es zwar günstiger, eine neue Wohnung anzumieten, aber schwerer, ein passendes Objekt zu finden. Wenn Sie die Wohnung also haben wollen, beherzigen Sie meine Ratschläge! Die besten zehn Prozent der Wohnungssuchenden werden sich auch im härtesten Konkurrenzkampf und in der Großstadt mit dem engsten Mietmarkt durchsetzen.

Bleiben Sie tapfer,
Ihr Richard Nitzsche

ANHANG

Anhang 1

Bundesrat Drucksache **447/14 (Beschluss)**
07.11.14

STELLUNGNAHME DES BUNDESRATES

Entwurf eines Gesetzes zur Dämpfung des Mietanstiegs auf angespannten Wohnungsmärkten und zur Stärkung des Bestellerprinzips bei der Wohnungsvermittlung (Mietrechtsnovellierungsgesetz-MietNovG)…

7. Zu Artikel 3 Nummer 1 (§ 2 WoVermG)

Der Bundesrat bittet, im weiteren Verlauf des Gesetzgebungsverfahrens zu prüfen, ob eine sachgerechte Lösung für Fälle gefunden werden kann, in denen der Vermittler entweder den Auftrag, die Wohnung anzubieten, aufgrund mehrerer Vermittlungsverträge mit unterschiedlichen Mietinteressenten eingeholt hat, oder der Vermittler die aufgrund eines Vermittlungsvertrags mit einem Mietinteressenten gesuchte Wohnung nach Ablehnung durch diesen Mietinteressenten einem weiteren Mietinteressenten anbietet.

Der Wortlaut des Gesetzentwurfs regelt die Konstellation, dass mehrere Mietinteressenten mit vergleichbaren Suchaufträgen an den Makler herantreten, nicht. Nach dem Wortlaut der Norm kann es daher zu der Situation kommen, dass der Makler den Abschluss eines Mietvertrags vermittelt und dennoch keinen Provisionsanspruch – weder gegen den Mieter noch gegen den Vermieter – hat.

Zu differenzieren ist zwischen zwei Fallgruppen:

a) Der Makler schließt mit mehreren Wohnungssuchenden innerhalb kurzer Zeit Vermittlungsverträge über vergleichbare Räumlichkeiten (ähnliche Größe, Lage, Miethöhe) ab und holt nach Abschluss dieser Vermittlungsverträge bei einem Vermieter den Auftrag ein, eine bestimmte, den Vorstellungen der Mietinteressenten entsprechende Wohnung anzubieten. Gerade in Gebieten mit angespannter Wohnungssituation wird ein Makler häufig mit unterschiedlichen Wohnungssuchenden innerhalb kurzer Zeit inhaltlich vergleichbare Vermittlungsverträge abschließen. Kontaktiert der Makler daraufhin einen Vermieter und erhält von diesem einen Auftrag, die Wohnung anzubieten, so besteht nach dem Wortlaut der geplanten Vorschrift auch dann, wenn ein Mietvertrag mit einem der Mietinteressenten zustande kommt, überhaupt keine Entgeltpflicht des Wohnungssuchenden, da der Vermittler wegen der Vermittlungsverträge mit mehreren Wohnungssuchenden und nicht „ausschließlich" wegen eines Vermittlungsvertrags tätig geworden ist. Auch wenn man die Vorschrift dahingehend versteht, dass sich der Vermittler in einer derartigen Situation festlegen muss, für welchen Mietinteressenten er den Auftrag zum Anbieten der Wohnung einholt, so ist das Mietobjekt für die Provision „verbrannt", sobald nicht dieser Interessent,sondern einer der anderen Mietinteressenten die Wohnung anmietet.

Vom Vermieter wird der Vermittler in einer solchen Fallkonstellation regelmäßig keine Provision erhalten, da er diesem gegenüber bei Einholung des Auftrags erklärt hat, er habe einen Interessenten, welcher ihn mit der Suche einer Wohnung provisionspflichtig beauftragt habe, und daher mit dem Vermieter selbst keinen Vermittlungsvertrag abschließt.
Da die Voraussetzung der Ausschließlichkeit ausweislich der Begründung des Gesetzentwurfs lediglich darauf abzielt (vgl. BR-Drucksache 447/14, Seite 37 f.), dem Wohnungssuchenden dann keine Zahlungspflicht aufzuerlegen, wenn der Vermieter ebenfalls von sich aus einen Auftrag erteilt hat, sollte klargestellt werden, dass bei Vermittlungsverträgen mit mehreren Wohnungssuchenden ein Anspruch gegen denjenigen Wohnungssuchenden, der den Mietvertrag letztendlich abschließt, begründet werden kann und das Kriterium „ausschließlich wegen des Suchauftrags des Mieters" lediglich Fälle des Tätigwerdens im beidseitigen Interesse des Mieters und des Vermieters ausschließen soll.

b) Der Makler holt nach Abschluss eines Vermittlungsvertrags bei einem Vermieter den Auftrag ein, dem Mietinteressenten eine Wohnung anzubieten. Ein Mietvertrag mit diesem Interessenten kommt nicht zustande. Im Anschluss schließt der Makler einen Vermittlungsvertrag über vergleichbare Räumlichkeiten mit einem weiteren Mietinteressenten ab, der die genannte Wohnung sodann mietet.
Auch in dieser Konstellation ist die Möglichkeit, vom Mieter eine Provision zu erlangen, „verbrannt", da der Erstinteressent die Wohnung nicht ange-

mietet hat. Für den Makler führt dies zu dem absurden Ergebnis, dass er, um überhaupt eine Provision zu erhalten, einem neuen Mietinteressenten keine Wohnung anbieten kann, die er aufgrund eines Vermittlungsvertrags mit einem anderen Interessenten zuvor in seinen "Bestand" geholt hat. Anders formuliert: Der Makler hat Kenntnis von einer zu vermietenden Wohnung, die den Interessen eines wohnungssuchenden Vertragspartners entspricht, kann diese diesem jedoch nicht anbieten, da er den Auftrag zum Anbieten der Wohnung bereits zuvor aufgrund eines Vermittlungsvertrags mit einem anderen Interessenten eingeholt hat. Ein Vermittlungsvertrag mit dem Vermieter wird auch hier regelmäßig nicht zustande gekommen sein, da der Makler den Auftrag zum Anbieten der Wohnung nicht auf Initiative des Vermieters eingeholt hat, sondern aufgrund eines Vermittlungsvertrags mit dem ersten Wohnungsinteressenten. Es sollte daher klargestellt werden, dass der Makler in einer solchen Situation bei dem Vermieter nochmals einen Auftrag zum Anbieten der Wohnung an den konkreten neuen Mietinteressenten einholen kann und folglich ein Provisionsanspruch gegen den zweiten Mietinteressenten begründet werden kann.

Auszug aus dem Stellungnahme-Beschluss des Bundesrates vom 07.11.2014 (Bundestrat Drucksache 447/14) zum „Entwurf eines Gesetzes zur Dämpfung des Mietanstiegs auf angespannten Wohnungsmärkten und zur Stärkung des Bestellerprinzips bei der Wohnungsvermittlung (Mietrechtsnovellierungsgesetz-MietNovG)"

Anhang 2

ANALYSE DES BESTELLERPRINZIPS:

DIE VERLIERER SIND DIE EINKOMMENSSCHWACHEN

veröffentlicht am 14. Januar 2015 auf: http://mietercoach.de

Das Bestellerprinzip kommt! Die gute Nachricht zuerst: Sie als Mieter können sich darauf einstellen, nur noch dann eine Maklerprovision bezahlen zu müssen, wenn Sie den Makler mit der Wohnungssuche beauftragen und er Ihnen erfolgreich eine Wohnung vermittelt.

Genau dies hatten die Initiatoren mit dem Vorstoß bezweckt. Nun werde ich Sie mit einigen Nebeneffekten konfrontieren, die das Bestellerprinzip mit sich bringt – und über die Sie als Mieter und Wähler nicht aufgeklärt wurden.

VERLIERER	GEWINNER
Kinderreiche Familien	Langfristige Mieter, idealerweise kinderlose Paare oder Singles mittleren Alters in abhängiger Beschäftigung bei einem sicheren Arbeitgeber
Azubis/Studenten	
Alleinerziehende	
Arbeitsuchende	
Freiberufler mit moderatem Einkommen	

Kleinvermieter werden keinen Makler mehr engagieren, Großvermieter wählen den Vermittler, der ihnen den günstigsten Preis macht

Ob es der IVD (Immobilienverband Deutschland) nun zugibt oder nicht: Nahezu jeder Vermieter, der Maklerkosten vermeiden kann, wird dies auch tun. Entweder wird er versuchen, das neue Gesetz zu umgehen, sofern es legale Möglichkeiten dazu gibt, oder er wird die Vermietung seiner Objekte fortan selbst übernehmen. So haben Sie es als Mietinteressent vermutlich auch gemacht und zuerst nach provisionsfreien Angeboten Ausschau gehalten. Vermieter, die die Vermietung ihrer Objekte selbst bewerkstelligen können, sind in der Regel Eigentümer, die wenige Einheiten besitzen – höchstens zwanzig. Um die übrig gebliebenen Großvermieter wird ein Konkurrenzkampf in der Branche entstehen. Der Markt wird sich über den Preis pro Vermietung regulieren. Der Makler, der am günstigsten vermietet, bekommt den Auftrag.

Vom Vermieter-Makler können Sie als Interessent keine Hilfe und keinen Service mehr erwarten

Die Interaktion des Mietinteressenten mit dem Makler wird sich grundlegend ändern. Der Vermieter-Makler (also der vom Vermieter beauftrage Makler) verdient an Ihnen kein Geld. Ergo: Sie sind auch nicht mehr sein Kunde. Nach der Reform sind Sie deshalb bei der Wohnungssuche komplett auf sich allein gestellt, sofern Sie keinen Makler beauftragen, der für Sie arbeitet. Und ob Sie einen solchen überhaupt noch finden werden, ist in Anbetracht des knappen Marktes nicht sicher. Warum? Ein Makler,

der sich von Ihnen allein mit der Suche einer Mietwohnung beauftragen lässt, darf nicht mehr als zwei Kaltmieten Provision plus Mehrwertsteuer dafür berechnen. Der Gesetzentwurf sieht derzeit eine exklusive Suche vor: Eine Wohnung, die ein Makler einem Interessenten angeboten hat und die dieser ablehnt, darf derselbe Makler keinem zweiten Interessenten mit Provision anbieten. Tritt dieser Gesetzentwurf in Kraft, wird die Objektsuche im Mieterauftrag für Makler grundsätzlich unwirtschaftlich.

Vor dem Vermieter haben Sie als Mieter weiterhin schlechte Karten

In der Geschäftsbeziehung zum Vermieter sind Sie als Mieter austauschbar – insbesondere in Ballungsgebieten, in denen Dutzende Interessenten pro angebotener Wohnung zur Verfügung stehen. Für den Makler werden Sie vom Profitfaktor zum Kostenfaktor, den er minimieren muss, um wettbewerbsfähig zu bleiben und sein eigenes Überleben zu sichern. Hoffentlich haben Sie kein Problem mit Massenbesichtigungen, diese werden zum Standard – auch bei Unternehmen wie meinem, die sich bisher immer gegen Gruppentermine ausgesprochen haben. Wenn die Marge sinkt, muss der Aufwand pro Vermietung reduziert werden und dieser Aufwand bedeutet für den Makler Arbeitszeit.

Der Markt wird weniger transparent und die Wohnungssuche wird komplizierter

Betrachten wir einmal die vielen Kleinvermieter (mit bis zu 20 Einheiten). Wie werden sie sich künftig verhalten? Kleinvermieter werden keinen Makler mehr mit ins Boot nehmen und künftig provisionsfrei „von privat" inserieren. Wussten Sie, dass der Makler für den Vermieter die Vermarktungskosten komplett übernommen hat? Eine Anzeige im Immobilienscout24 kostet zwischen 60,00 EUR und 90,00 EUR, in der Tageszeitung inseriert der Privatvermieter im allgemeinen Anzeigenteil deutlich günstiger. Hier wird es zu Preissteigerungen kommen. Eine Anzeige mit bunten Bildchen im Internet wird trotzdem nur dann noch gewählt werden, wenn eine Vermietung unter Zuhilfenahme günstigerer Medien nicht möglich ist. Eventuell erlebt sogar der Aushang im Supermarkt eine Renaissance. Viele der Kleinvermieter sind ältere Menschen. Sie nutzen oft andere Medien als das Internet.

Die Wohnung zu bekommen wird schwieriger, das Wohnungsangebot über die derzeit gängigen Kanäle wird geringer

Die Durchführung einer Vermietung umfasst für einen Immobilienmakler etwa 20 Stunden Arbeitszeit. Die Leistung enthält Objektfotografie, Bewertung, Exposéerstellung, Terminvereinbarung und Vorgespräche, Besichtigungstermine, das Einsammeln der erforderlichen Unterlagen, Vertragserstellung, Abwicklung und Übergabe. Auch wenn der Kleinvermieter die Kosten für den Makler nicht übernimmt, muss diese Arbeit erledigt werden. Er tut sie also selbst. Glauben Sie mir: Vermietungen sind schon anstrengend, wenn Sie eine gewisse Routine besitzen. Der Vermieter, der dies nur sporadisch erledigt (und der nach einem erfolgreichen Abschluss „nur" die Fortführung seiner ohnehin existierenden Einnahmequelle erhält statt einer Provision), wird versuchen, alles möglichst schnell über die Bühne zu bringen – unter anderem, weil er sich nicht länger

als nötig dem ständig klingelnden Telefon aussetzen möchte. Auch Besichtigungen werden aufgrund der mangelnden Routine in anderer Qualität durchgeführt. Die Vermietung ist eben „von privat" und nicht „von professionell". Fehlende Kompetenz kann man keinem Vermieter vorwerfen. Dass er kostenbewusst handelt, erst recht nicht. Als zielgelenktes Individuum (das Ziel ist hier die Vermietung) wird er sich bemühen, die Kosten so niedrig wie möglich zu halten. Diese bestehen aus zwei Komponenten:

a) persönliche Arbeitszeit
b) Werbekosten des Inserats

Beide Elemente wurden bisher vom Makler stillschweigend übernommen und mit der Mieterprovision kompensiert.

Top-Mieter werden bei der Vergabe stärker berücksichtigt

Der Vermieter möchte diesen Kostenblock also so selten wie möglich „investieren". Aus diesem Grund werden Mieter bevorzugt, von denen eine geringe Fluktuation, also ein langfristiges Mietverhältnis zu erwarten ist. Gehören Sie zu der präferierten Mietergruppe (idealerweise alleinstehende Beamte mittleren Alters), sind Sie ein Gewinner der anstehenden Reform. Allerdings ist es Ihnen auch bisher schon leicht gefallen, eine passende Wohnung zu finden. Es steht ebenfalls zu erwarten, dass Vermieter verstärkt Mindestmietverträge mit langen Kündigungsfristen abschließen werden: Die Mobilität des Mieters sinkt. Ein Teil des Angebots wird im Zuge von Mietpreisbremse und Bestellerprinzip wegfallen, weil viele Vermieter sich (bei den derzeit hohen Preisen) zum Verkauf des

Objekts entschließen werden, um sich den Kosten und dem Arbeitsaufwand des Vermietens zu entziehen.

Sinkende Transparenz des Mietmarktes, Vertriebskanäle ändern sich

Um Aufwand und Kosten zu reduzieren, werden Vermieter zunehmend auf Suchanzeigen von Mietern zurückgreifen. Wohnungen werden seltener im „freien Markt" zugänglich sein. Bei sinkenden Angebotszahlen wird die Kalkulation eines fairen Preises schwerer. Sie können weiterhin davon ausgehen, dass Suchanzeigen für Mieter auf Internetportalen bald nur noch entgeltlich möglich sein werden. Im Rahmen einer Suchanzeige haben Sie nicht mehr die Möglichkeit, sich persönlich vor dem Vermieter zu präsentieren, falls Ihre Eckdaten nicht dem gewünschten Mieter-Muster entsprechen. Bislang konnten Sie beim Besichtigungstermin durch gutes Auftreten immer noch Punkte sammeln.

Anmerkung: Das Gesetz wurde inzwischen in der oben angeführten Version vom Bundestag verabschiedet und muss ab 1. Juni 2015 umgesetzt werden. Mietercoach.de informiert Sie als Mieter stets aktuell über die neue Situation.